JN156517

なぜ「偏差値50の公立高校」が世界のトップ大学から注目されるようになったのか!?

日野田直彦

IBCパブリッシング

はじめに

「対話の中から、答えが見つかる」

私はこれが世界の基本だと思っています。

中には教科書の中や社会、世の中に答えがあるという人もおられるかもしれません。そもそも答えとは、対話をつかって「それは本当に正しいのか」を繰り返し問い続けることだと思います。

箕面高校で続けてきたチャレンジ

大阪府立箕面《みのお》高校は、1963年設立の地域4番手の高校です。普通科と国際教養科があり、着任当時の偏差値は50（河合塾の模試）でした。

着任して3年後の2017年には、海外の30大学に累計36人が合格しました。世界ランキング33位※注1のメルボルン大学、世界60位のシドニー大学、世界60位のクイーンズランド大学、全米ランキング9位※注2のウェズリアン大学といった名門大学も含まれています。

※注1：『Times Higher Education 2016–17』より　※注2：『Forbes America's Top Colleges 2016』より

大阪府立箕面高校
平成29年度　大学入試　結果

メルボルン大学	世界 33 位	2名
シドニー大学	世界 60 位	3名
クイーンズランド大学	世界 60 位	1名
パデュー大学	世界 70 位	1名
モナシュ大学	世界 74 位	1名
ニューサウスウェールズ大学	世界 78 位	2名
アデレード大学	世界 142 位	1名
マサチューセッツ大学　アムハースト校	世界 165 位	1名
ノースイースタン大学	世界 182 位	1名
ルール大学　ボーフム	世界 201-250 位	1名
デュースブルク＝エッセン大学	世界 201-250 位	1名
フィリップス大学　マールブルク	世界 251-300 位	1名
ブレーメン大学	世界 251-300 位	1名
ウーロンゴン大学	世界 251-300 位	1名
グリフィス大学	世界 251-300 位	1名
ディーキン大学	世界 251-300 位	1名
大阪大学	世界 251-300 位	4名
サウスダコタ大学	世界 351-400 位	1名
ビクトリア大学	世界 351-400 位	2名
アメリカン大学	世界 401-500 位	1名
モンタナ大学	世界 401-500 位	1名
ロイヤルメルボルン工科大学	世界 401-500 位	2名
筑波大学	世界 401-500 位	1名
モンタナ州立大学	世界 501-600 位	1名
ハワイ・パシフィック大学	世界 601-800 位	1名
神戸大学	世界 601-800 位	2名
大阪市立大学	世界 601-800 位	3名
早稲田大学	世界 601-800 位	1名
大阪府立大学	世界 801+	1名
ベミジー州立大学	世界 801+	1名
マイノット州立大学	―	1名
レーゲンスブルク大学	―	1名
ザールラント大学	―	1名
上智大学	―	2名
国際教養大学	―	2名

ウェズリアン大学	全米 9 位	1名
グリンネルカレッジ	全米 73 位	1名
ミネルバ大学　(日本の一条校初)	―	1名

海外大学　計	36名

（世界ランキングは『Times Higher Education 2016-17』より）
（全米ランキングは『Forbes America's Top Colleges 2016』より）

出典：平成29年度 _ 海外進学実績 _9/12更新（2018年2月12日 箕面高等学校）
〈http://minoh-high.sakura.ne.jp/blog/?p=578〉 2018年7月26日アクセス

２０１７年の3月には、メルボルン大学の方が箕面高校で説明会を行うために来日されました。東大も京大も阪大も来ませんせんが、メルボルン大学は来られます。また、ミネルバ大学からは「あなたの学校で説明会をさせてほしい」と連絡をいただき、上海にいくはずだったところ、飛行機を降りて来校されました。２０１８年の世界ランキングによると、メルボルン大学は32位です。ちなみに日本の大学でランクインしているのは2校。最高位は東大の46位、京大は74位です。

大阪府立箕面高校はたった4年間で大きく変わりました。

海外大学への進学者数増加の取り組みそのものは、２０１４年に校長として着任してから4年かけてじっくりと行ってきました。先生方と生徒たちと行ってきたチャレンジが、目に見える結果として現れました。こうしなければならないという常識は、誰もが年を重ねるにつれて様々なフィルターとして持っています。単にあいつは悪いとかそれは全部ダメだというのではなく、いいところは使ってダメなところはやめる。そして、少しずつ議論をしながら次の世代につないでいく。こういう方法が一番いいのではないかと私は思っています。

受験対策も補習・補講もしない高校

箕面高校では特別な受験対策はほとんどしていません。補習補講も一切やめました。夏期講習もありません。土曜に講習をしたいという先生もいましたが、それもやめていただき、授業時間

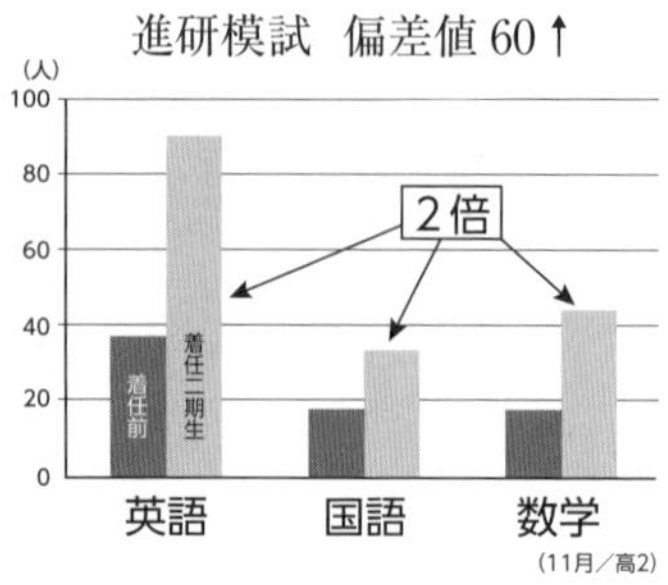

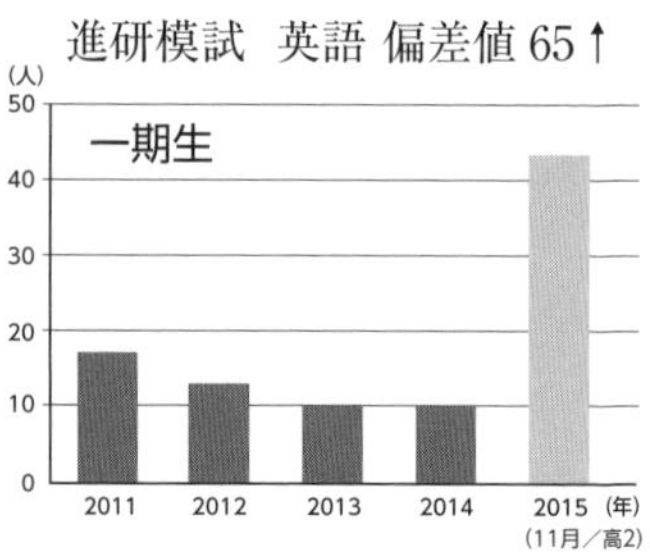

数も少し減らしました。45分だった1コマの授業時間を50分にする代わりにコマ数を減らし、全体の授業時間を大幅に削減しました。

ともすれば、時間を増やして勉強させろといわれる世の中です。ですが、させればさせるほど、大学に入ったら勉強しなくなるでしょう。社会人になったらもっと勉強しなくなるでしょう。

叶えたい未来や夢を達成するために大学に進み、継続的に学び続ける人材を育成する。それが、教育の本質的な目的だと思います。日本においては、目的と手段が逆になり、今や大学入試・合格が目的になってしまいました。私はそんな人間をつくりたいとは思いません。

大学の実績＝高校のランキングというのは本当でしょうか？一部のマスコミにのせられているだけではないでしょうか。それよりも私たちは、子どもたちの自尊心を大事に伸ばしたほうがいいと思います。それが本来の教育のあるべき姿だと思うからです。その実践を続けた箕面高校の偏差値は上記のようになりました。

受験対策は組織的にはしていません。した方がいいのでしょうか？　私は必要ないと思っています。そしてこれは英語だけの話ではなく、他の教科でも成績が上がっているのも事実です。受験の早いオーストラリアの大学を受けておきたい、といっていた生徒たちが続々と合格しました。彼らのチャレンジの結果、偏差値50〜60くらいでも海外のトップ大学に通る可能性があるということがわかってきています。

ここからが私の腕の見せどころとなる「英語が話せるだけで本当に良いのでしょうか？」という話です。

英語が話せる・話せない以前に、日本の子どもたちは発言できない、議論できない、発問できないという三重苦を背負っています。すばらしい長所としては、とても頭がいいこと、モラルの高いところです。

例えば、私が子どもの頃にいたタイでは、仕事で部下を怒ると「明日から頑張ります」と言いながら、翌日来なくなることがあります。そして一週間くらいすると「帰ってきました」という感じで、フッと現れるのです。これは、タイの方を批判してるのではなく、タイと日本の文化の違いだと思います。忍耐強さや勤勉さという日本人を代表するモラルは、本当に素晴らしいと思います。ですが一方で、発言できない・議論できない・発問できないのは、グローバル社会においては、致命的だとも思います。

地域4番手の府立高校から海外名門大学へ進学

生徒たちには「英語は水泳と同じだよ」とよく話していました。例えば10年泳いでいたら、下手なりにも泳げるようになりますよね。要は、高校の3年間で話せなかったといって「できない」と勝手に決めつけないということです。続けていれば、必ずできるようになります。やらないと私のように話せなくなるよ、といつも笑っていました。私は帰国子女ですが、いまでは英語は苦手です。反面教師に思ってもらえたらと思っています。

それよりも「ネットの中で、匿名で悪口を書くような人間にならない」ということを大切にしてきました。すると、以前に比べてツイッターで悪口の書き込みが減っていきました。どんなことでも、そんな風に少しずつ進んでいくものです。するとTOEFLもいつの間にか上記のようになりました。

先生たちに話していたのは、当校はボリュームゾーンの学校ですよ、ということです。地域で4番手の学校ですから、決して飛び抜けて賢いわけではありません。どこの学校でも英語の4技能なんて無理だと言われがちです。ならば塾でやったらいいという議論もあると思うのですが、それでは教育格差が経済格差とリン

箕面高校の成果（1期生：40名）

TOEFL iBT Score	平成26年度	平成28年度
120–101	0	2
100–81	0	2
80–61	2	20
60–41	7	13
40–0	31	3

クしてしまいます。それを叩き潰さないと、なんのための公立学校かという話になってしまいます。

だから「箕面学校が成功すれば、日本の救世主になりますよ」と話していました。普通の公立高校で4技能ができて、普通に英語が話せるようになったら最高ですよね。だから私たちが日本の教育の救世主になりましょう、と言い続けていました。さすがに全員とはいきませんでしたが、プロトタイプとして2016年度の高校3年生はTOEFLのスコアが60点を超えている生徒が20数人います。

このように、どんなことでも少しずつなのです。特に教育というのはいきなり結果が出るものではありません。「うまくいっていない」と誰かに文句を言うだけでは何も解決しません。「それはどうかと思う」という人がいたら、「じゃあ解決策を教えてください」と話をする。そして一緒にやりませんか？　と声を掛け合う。それでいいと思いますし、実際にそうしてきました。

常に頭にあるのは、子どもの頃に遊んだ秘密基地を作るようなイメージです。そういう感じで一緒にできたら、少しは目の前のことも良くなるんじゃないかな、といつも考えているのです。

誰もが学び、いずれは社会に出て何かしらの仕事をします。本来、仕事とはワクワクするものではないでしょうか。それが日本からなくなっているように感じています。仕事を強制労働のように感じるのではなく、もっと楽しんでいいと思うのです。

スタンフォード大学では、世界中の人に「今日の気分は何点ですか？」と聞く研究があります。

そこで日本人は何点と答えると思いますか？　１００点満点で、大体50〜60点前後だそうです。でもオーストラリア人は、いつも１２０点。「今日もバーベキューができる、嬉しい」から、１２０点です。「明日は何点ですか」と聞くと、明日も１２０点だと答えます。天気がいいからだと言うのです。

オーストラリアではスーパーが早めに閉まるなど、街がすぐに暗くなります。勤務時間が5時までだったとしても、中には3時半になったら閉店準備をする店や、お昼の2時くらいからビールを楽しそうに飲んでいる人々も見かけます。それでも社会は回っていますよね。意外と大丈夫なのです。だからできない、はありません。そういった枠を外すから、人はワクワクするのだと思います。

大人の仕事はリスクヘッジだけでいい

箕面高校に着任して以来、先生に対して生徒が、「あなたはどう考えますか？」と言える人間になってくれるのが理想だと話していました。それが4年経ち、現実になっています。

先生と生徒の対等な関係とは、教師が上から指導するあり方ではありません。決してトップダウンではないのです。こういった取り組みは、先生と生徒、外部組織という垣根を超えて、協働開発をするのがベストです。そういう点において箕面高校の生徒たちは、少し違う雰囲気をもっています。うまく言えないのですが、ちょっと野生的な感じです。勉強はそんなにできる方ではないし、成績も良い方ではありませんが、ジャングルへ放り込んでも多分何とかするだろうな、という生徒もいます。

もしかすると彼らは日本の教室において、扱いづらい生徒かもしれません。言うことを聞かない部分をきちんともっていますからね。私は生徒と先生どちらにも、「我々というおじさん・おばさんの頭は固いんだよ」と話していました。新しいアイデアを出すことは、歳を重ねるごとに難しくなっていくものです。

自由な発想力は若い人の方が絶対に高いのですから、子どもたちに新しい発想で考えてもらい、我々はリスクヘッジだけをする。怪我とか人に迷惑かけるとか、命に関わることはないかだけ注意をしながら、あとはどんどんやってもらう。その環境をつくるのが私たち大人の役割だと思っています。

スティーブ・ジョブスの「海軍ではなく海賊になる」という言葉をご存知でしょうか。

これだけ社会の変化が激しくなっている今、大きな母体を持った組織とか企業ではできない動きが増えています。小さな単位でプロジェクトを組んでゴールを達成したらそこで解散。そしてまた新しいチームを作ってトライしていく。そんな新しい身軽なスタイルがスタンダードになる日がそこまできています。こういった中で、私たちはどんどんトライ&エラーを繰り返していったほうがいいのではないでしょうか。

1時間で1つの答えを出すよりも、30秒に1つの答えを出して、120回トライした方が絶対に成功率が上がるし、失敗の経験から自分がどんな人間かがわかる。「学校」という時間と空間は、本来「失敗」を経験し、学びを繰り返す場所であったはずです。これはスタンフォード大学でも言われていることです。それを素直に認めてトライしていく勇気を持っていれば、社会を変えられる。

だから先生にも生徒にも、チャレンジをしましょうと言い続けてきました。そして、箕面高校はいまもチャレンジをし続けているのです

It's more fun to be a pirate
than to join the navy
—Steve Jobs
MARTIN TRUST
CENTER FOR MIT
ENTREPRENEURSHIP

© MIT Center for Entrepreneurship stickers

もくじ

もくじ

第4章　3年目・4年目の箕面高校の変革

第1章

子どもたちが直面する未来

いま見えている2050年の世界

「スーパーマーケットにＡＩが導入されるようになり、人間の仕事はなくなってしまう」という話を聞いたことはありませんか？　２０１４年のフィナンシャルタイムズのインタビューの中で、グーグルの創業者であり、前ＣＥＯのラリー・ペイジがこう答えています。

人工知能の急激な発達によって、現在行われている仕事の多くはロボットが行うことになるため、近い将来には10人中９人は今とは違う仕事をしているだろう、と。（参考ＷＥＢ：FT interview with Google co-founder and CEO Larry Paged［Financial Times, October 31, 2014］〈https://www.ft.com/content/3173f19e-5fbc-11e4-8c27-00144feabdc0#axzz3HyN035tx〉２０１８年7月26日アクセス）

ちなみに日本でスーパーマーケットがいつできたのかをご存知でしょうか？　第１号ができたのが約１００年前です。それまで店の人が品物を渡していたスタイルから、自分でカゴに入れる方式に変わったわけです。そしていま、スーパーやコンビニが無人化されようとしている。要は「１００年たったらこうなった」というだけのことなのです。どんな時代であっても、仕事は絶対に新しく変わります。確かに世界は変わろうとしていますが、それでも大丈夫です。変わったなりに進むようになっていますから、あまり恐れる必要はありません。

ただ、世界が変わるのは事実です。

２０５０年にはナイジェリアの人口が約５億人に届きます。ヨーロッパの全人口を足しても、ナイジェリアを下回る計算になります。ちなみに日本の人口は１億人を割り込んでいると予測されています。

２０００年生まれの人たちが、50歳になったときにこういった状況です。さらにＧＤＰは日本とナイジェリアがほぼ同じラインです。ということは、日本はナイジェリアになるというイメージです。

この頃になると、インドネシアは日本の経済の倍ほどになっているでしょう。就職するならインドネシアの方がいいかもしれません。イギリスとインドネシアだと、インドネシアのほうがＧＤＰはすでに上です。今はまだ日本の３分の１くらいですが、おそらく10〜15年で追いつくでしょう。就職するなら、イスラム金融の中心でもあるインドネシアはいいかもしれません。イスラム金融は西洋金融とはまた違いますから、新しいパラダイムを非イスラム圏に広げる絶好の機会となるでしょう。これは大チャンスになるはずです。

こういった予測を、私たちは冷徹な事実として知っておかなくてはなりません。これらは相対化したときに、１人当たりの給与というものはＧＤＰを割り算したらわかります。決して難しい計算ではないのです。

では、これから一体どうしたらいいのだろう？　と考えたときに、そういった未来を生きる子

将来推計人口

2013年

1	中国	1,385,566,537
2	インド	1,252,139,596
3	アメリカ	320,050,716
4	インドネシア	249,865,631
5	ブラジル	200,361,925
6	パキスタン	182,142,594
7	ナイジェリア	173,615,345
8	バングラデシュ	156,594,962
9	ロシア	142,833,689
10	日本	127,143,577

2050年

1	インド	1,620,050,849
2	中国	1,384,976,976
3	ナイジェリア	440,355,062
4	アメリカ	400,853,042
5	インドネシア	321,377,092
6	パキスタン	271,081,825
7	ブラジル	231,120,024
8	バングラデシュ	201,947,716
9	エチオピア	187,572,656
10	フィリピン	157,117,506
⋮		
16	日本	108,329,351

UN Population Division『World Population Prospects, the 2012 Revision』

将来推計ＧＤＰ

2014年

1	中国	17,632
2	アメリカ	17,416
3	インド	7,277
4	日本	4,788
5	ドイツ	3,621
6	ロシア	3,559
7	ブラジル	3,073
8	フランス	2,587
9	インドネシア	2,554
10	イギリス	2,435

2050年

1	中国	61,079
2	インド	42,205
3	アメリカ	41,384
4	インドネシア	12,210
5	ブラジル	9,164
6	メキシコ	8,014
7	日本	7,914
8	ロシア	7,575
9	ナイジェリア	7,345
10	ドイツ	6,338

単位は10億米ドル（2014年ベース）
2014年はIMF「World Economic Outlook」、2050年はPwc予測

どもたちへ、自由な選択肢をプレゼントすることが、私たちの仕事ではないかと考えています。

国の崩壊がはじまっている

日本は人口減少の激しさで知られる、世界有数の先進国です。都道府県単位でいうと、大阪は世界のトップクラスで人口が減っている地域といっても過言ではありません。１９８０年代のピーク時の大阪の中学生は約46万人でした。それが２０１５年で約24万人。およそ半分になりました。さらに２０１８年には22万人。３年で２万人近く減っていることになります。※参考ＷＥＢ：平成29年度「大阪の学校統計」学校基本調査速報調査結果の概要［大阪の学校統計、２０１７年８月３日］〈http://www.pref.osaka.lg.jp/toukei/gakkou_s/index.html〉２０１８年７月26日アクセス

一方で、この国の中絶の数は１年間で約18万人というデータもあるのです。※参考ＷＥＢ：母体保護関係［平成25年度衛生行政報告例の概況、２０１４年10月30日］〈http://www.mhlw.go.jp/toukei/saikin/hw/eisei_houkoku/13/dl/kekka6.pdf〉２０１８年７月26日アクセス　いわば社会崩壊を起こしている状態です。生まれた数ははっきりしていますから、これは誰でもわかることです。

２０１８年に約８８３万人という大阪の人口が、２０６０年には６００万人程度になるだろうという予測もあります。※参考ＷＥＢ：「大阪府人口ビジョン（案）【平成28年１月19日版】」［「大阪府人口ビジョン」「大阪府まち・ひと・しごと創生総合戦略」策定までの取組み、２０１６年10月30日］〈http://www.pref.osaka.lg.jp/attach/

25389/0000000/ 0218_jinkou_vision_an.pdf〉２０１８年7月26日アクセス

こういうデータを意外と誰も知らないことに、私は大きな危機感を感じています。この状況はアメリカのデトロイトを思い出させます。製造業がどんどん出ていってしまって、本社機能がなくなり、まるで焼け野原のようになってしまいました。それがデトロイトで起きたことです。今、学校を減らしましょうという議論をすると「減らしてはいけない」という人がいるのですが、ちょっと待ってくださいと言いたいのです。要は生徒がいないのですよ、という話なのです。

では、こういう状況をふまえて、どのような教育を提供していけばよいのでしょうか。私たちはその答えをつくっていかなくてはいけないと思います。箕面高校では「変化の激しい時代に対応し、世界に貢献できる人材を育成する」を教育の定義として掲げていました。これは箕面高校だけの話ではなく、日本の教育現場におられる多くの方々も同じように思っているのではないかと思います。

できないと思わずにチャレンジできるかどうか

現行の英語教育の課題として、この2つが挙げられます。

・6年間習っても話すことができない

・英語が話せても、議論ができない

少し誤解されているのですが、これらは英語の問題ではありません。なぜなら、そもそも日本語でもきちんと議論ができないからです。私がしようとしているのは、まずは日本語で議論をできるようになろうということです。箕面高校のチャレンジは全てここからスタートしています。個人的に、英語力自体はあまり重要視していません。どちらかというと、思考能力を育むマインドセットができたほうがいいと考えています。

「こんなの無理」「考えても分からない」など、悲しいことばかりをいう日本の子どもたちがたくさんいるのを知っています。それでも私は「チャレンジしてみよう」と、生徒にも先生たちにも共通のテーマとして掲げてきました。では、そのために何を学ぶべきか？　という話になると、プログラミング教育とか英語だという人が出てくるのもわかります。

ですが正直なところ、私はそれらもどうでもいいと思っています。それより大事なのはボーダレスであること、オープンマインドであること。できないと思わずにチャレンジできるかどうかだと思います。これらを根気強く続けていけば、どんなときでも何とかなります。そして、そこには価値が絶対に出てきます。

要は、自分の希少性をどうやって上げるか。もっと言うと、コモディティ化（一般化）しないように価値付けを意識して行動し続けることにつながってきます。今どきの子どもたちは……という前に、まず大人たちはどうでしょうか。「そんなことはできない」と居酒屋やカフェで人の悪口を言っていないでしょうか。本来、海外では、バーやカフェはいろんな人がオープンに出会い、友人を作る場所です。ところが、日本では気が付けば、職場や上司の不平不満を言う場所になっていませんか？ そんなときに私は、「何か言いたいことがあるのなら、一緒に解決策を持っていきましょう」と思うのです。

偏差値はみんなでみている幻想

日本の教育には良いところもあり、そうでないところもあると思います。生徒が多い時代には、誰もが偏差値で自分の位置を知ることで、受験競争で勝ち抜くためのよくできた統計学的処理でした。しかし、これが絶対的な「学力」でないことは周知の事実だと思います。偏差値教育はそろそろやめた方がいいのではないかと思います。こういう常識は誰かが作った共同幻想でしかない、というのが私の考えです。時々議論を聞いていてびっくりするのは「こうあるべきだ」と話す人がいることです。そんなときには思わず「それは誰が決めたのでしょうね？」と聞きたくなります。

おそらくその人に都合のいい常識なのだろうと思い、何も言わずに黙って聞くようにしていますが。

いま、保護者の多くが、偏差値という幻想にとらわれています。日本においてこの一点にしか価値がない状況のもと、誰もが不安なのだと思います。どうしていいか分からない。じゃあどうしたらいいのか。その提案をこちらからするようにしています。その前に、まず保護者の方に投げかけるのは、「世界がこれだけ変わるときに、親としてどういう子になってほしいですか」という問いかけです。私は保護者の方にも子どもたちにも、同じプレゼンテーションをします。生徒に対しては「こうなるけれど、どうなりたい？」という問いかけから始めるのです。

そしてまずはチャレンジ、チャレンジをしようと言い続けていました。学校説明会では「チャレンジしたい子だけ来てください」といつも話しました。成績が悪くても良くても、チャレンジしたいのであれば全く関係ないのです。それだけはこれからも変わらないことの一つといえます。

不安でいっぱいの保護者の方たちと話していると、どうしても正解を求めようとする気持ちが伝わってきます。しかし、正解はもうどこにもないのです。教育に携わる私たちが絶対にしなくてはいけないのは、どんなに失敗してもへこたれない子、タフネスな子にすることではないでしょうか。そのために箕面高校でテーマにしていたのは、グロース・マインドセット（しなやかな思考と態度）、フィードバック・マインドセット、タフネスの３つです。これは日本の先生においても言えることで、特に残念に感じるのがフィードバック・マインドセットがないことです。

日本の先生は、フィードバックを受ける機会がなかったので、どこかで自分は正しいと思いこんでいます。「あなたは間違っている」と言われるのに慣れていません。箕面高校に着任した最初の頃、先生たちの顔がこわばっていたことを思い出します。その頃の先生たちは、私が伝えた言葉を「人格を否定された！」という感じで捉えていたと思います。もちろん、そんなことはしていないのですが、受け取る側がそういう内容にしてしまうのです。

違いを認め合うチームをつくる

もう一つ、しなくてはいけないのはダイバーシティ、多様性をつくることです。高校生対象のワークショップでまず、「チームを作りなさい」と言うと、だいたい男女で分かれがちです。大抵は仲の良い者同士です。時々、そのまま進行するワークショップを見かけますが、なぜ何もしないのでしょうか。私にはその意味がよくわかりません。

何かしらのイノベーションを起こすためにチームを作っているのであれば、自分が話したことのない人たちと集まった方が絶対にいいでしょう。もしそこがインターナショナルスクールであったなら、私は黄色人種なので、黒人・白人の人と組んだ方が絶対に新しい発想が生まれます。

仲良しグループで集まっているワークショップは、なんのためにチームを作っているのか、その目的が失われている状態です。これは、チームとグループの違いが完全に抜け落ちているということです。グループは、なんとなく集まっている集団。チームは何かの方針や方向、目的が明確になった集団を指します。言葉の定義にしても、一つひとつ丁寧に使いましょう、と私は常に言い続けています。

私が思うダイバーシティの高いチームとは何か？　それは、全員が違う方向を向きながら、チームのミッションを共有し、目的達成のために努力を惜しまないものだと思います。まずは常識がそもそも違う。それぞれで違っていていい。そのことをお互いに認め合うことができていること。それが真のダイバーシティです。

箕面高校では、そのためのワークショップにとても力を入れてきました。そこで常に求めていた結果は「生徒が元気になること」です。たとえ、最初に決めて進めていたプロジェクトが最終的には崩壊したとしても、問題は何もない。それをまずは知っておいてほしいのです。重要なのは、深く自分と向き合う体験ができたかどうか。または、なにかしらの「Aha!」があればいいのですから。その場にいる生徒たちが、明日から何か行動を起こしたいと思えるようになれたなら、それこそが目指していた状態であり、かけがえのない価値なのです。

シナリオ通りに生徒を動かしていないか

生徒たちとのワークショップの中では、時にモチベーションコントロールが甘くなったり、空気が重く沈む場面にも遭遇します。そういった会場のエネルギーがダウンしているのをきちんと感じられないと、質は確実に下がります。信じられないことですが、中にはそういう場面で講師がすぐにシナリオを書き、その通りに進めようとするワークショップを見かけます。その行為が、どれほど全てを台無しにするかを知らないのでしょうか。提供する側が何を目指して行うのか。

いま、それが問われる時代なのです。

私がファシリテーターとしてかかわるときには、枠組みそのものは事前につくりますが、あとはその場の空気感で全部変えています。するとワークショップそのものが、まるでジャズのセッションのように流れ出し、生き生きと動き出すのです。

もし、予定していたコード進行が今日のノリは違うと思ったら、すぐに変えなくてはいけません。ジャズはオーディエンスによって演奏を変えていきますよね。生徒たちの空気を感じ、臨機応変に対応していくことができないと、こういったワークショップは今後生き残ることはないと思っています。

これは生徒対象のワークショップだけの話ではありません。先生たちに対しても、仕事のアプローチをするときには全く同じです。その場で臨機応変に話し合い、どんどん変えていきます。だから箕面高校の先生たちはみんな元気です。自分と向き合う機会も多いので、頭がいっぱいになることもありますが、それもまたよし、なのです。当初、箕面高校で土曜に開催していた特別講座は、ほとんどの部分を私がリードしていました。それを、2015年頃から徐々に手を離して、先生たちに任せるようになりました。

2017年の最後の土曜講座において、PBL（プロジェクト・ベースド・ラーニング）のワークでのことです。生徒たちのエネルギーがダウンしていくのを「これはまずいぞ」と思いながら後ろで見ていました。すると先生たちが一斉に集まり、プログラムを変えようとそれぞれ言い出したのです。それを見ていた私は、その先生方の成長と生徒たちが一体になる光景に思わず泣いてしまいました。まるでサッカーのチームのようにエネルギーが流れていたからです。その場で編成を組み直し、やり方を変え、これに向かって走るんだ！　と自分たちで判断し、自発的な議論が始まっていました。「すごい、ちゃんとチームになっている！」と見ていて心から感動したのです。

また、校長として着任して3年目、冬のプロジェクトワークをしているときのことです。生徒も先生たちをちゃんと見ていました。先生たちが軌道修正しているのを「俺たちも考えなくちゃだめだ」と言って、数人の生徒たちが先生たちとフィールドワークを始めたのです。そういうところに生徒まで入り込んで、一緒に会議を始めるのです。なんとも面白いことだなあ、とずっと見ていました。先生たちが変わり、生徒たちも大きく変わった。これは箕面高校で実際に起きている本当の話なのです。

2020年に変わる日本の教育

具体的にはこの3点が大きく変わります。

①センター試験が廃止され、新しい学力を図るテストに変わる

②２０１８年の高校１年生より、英語が完全に４技能型に変わり、読む・書く中心から読む・書く・聞く・話すが25％ずつになる
③プロジェクト系の授業は少しずつ増えて学校における評価もそれを反映する

こういったことを突然のことのように思う方もいるかもしれませんが、数年前より文部科学省より告知され、新聞にも定期的に載っていたことです。箕面高校ではこの動きに合わせて、少しずつ実験を繰り返しながらチャレンジを行ってきました。そのため、完全ではありませんが変革に対する準備については、日本で最も進んだ学校のモデルになったと思います。

海外大学の入試に必要なＴＯＥＦＬに関しても、いち早く取り組んできたことで結果を出しています。ＴＯＥＦＬにおいて日本人が特に苦手としているのは、スピーキングセクションです。ですが、これは英語力の問題ではありません。

例えば、スピーキングセクションでは、「あなたはAがいいですか、Bがいいですか。考えて答えなさい」という問いに答えます。「学校で勉強した方がいいですか、ホームエデュケーションの方がいいですか、あなたはどっちですか」と聞かれて、15秒で考えて45秒で返します。日本の子どもたちは、これが究極に苦手なのです。２秒止まれば、０点となります。しゃべり続けなければなりません。多分15秒で考えられないのだと思います。大抵はボーッとして「どっちも」「わからない」「知らない」とよく分からない答え方をして、最初は終わります。

正解を求めすぎて、正解を答えられない子どもがいっぱいいるのです。こういう生徒たちは英語力が問題なのではありません。「正解はないのだから、自分なりの意見を言う」というマインドセットをしない限りは難しいと思います。さらにスキルとしては、クイックレスポンスや仮説検証、ロジカルシンキングなども必要となります。単なる英語力でないことを、理解していただけると思います。これは実は大人が最も大きな課題としていることだと思います。英検1級を持っているのに、国際会議で意見を言えない日本人が多くいるのは、これが原因です。

この延長として、テスト対策をするというのも間違いだと私は考えています。なぜなら、テスト対策をして頭だけを賢くしても、結局は自分で支えるマインドがなければ、海外の大学に入ってから大変なことになるからです。楽しいと思ってやってもらわない限りは、人は変わりません。これが最初の大きな一歩になるのです。

そもそも英語は机の上で紙に書くだけの教科ではありません。英語は水泳と同じ「実技」です。要は使えるか使えないかが問題であって、ペーパーテストで点数が取れるか取れないかを競うのはナンセンスな話なのです。もし、英語が教科であるなら、例えば水泳で「50メートル何秒以上で大学に入れますよ」ということとあまり変わらないことになってしまいます。それではちょっとまずいのではないかと思うのです。

優秀だった日本の過去の教育

日本の教育の良かったところは、高度経済成長期における工場労働者を均質に生産するという、特殊かつ限定的な環境と時期に最適化したことについて、極めて優秀だった点です。極論を言えば、ものを言わない、反抗しない、サボタージュしない労働者を作ることにおいては、最適化された教育だと海外の友人たちも言っています。ただ、それが脱個人化することによって最適化しているものですから、今の変化が激しく答えがない社会では全く通用しない。求められている人材像と教育がかつては一体化していたから、この国は強かったのです。

１９６０年代、１９７０年代はそれで十分に社会の役に立ったと思うのですが、21世紀に入り、社会が変わったのに学校が変わっていません。そして、社会も大人の認識も、過去の栄光に凝り固まって、ほとんどの人々が変化しようとしていません。だから社会の変化に合わせて、教育もキャリア観も変えていかなくてはだめなのです。今求められている人材とはシリコンバレーないしは、その他で活躍できるような新しいクリエイティビティをもつ付加価値の高い人材、パラダイムシフトができる人材です。これはＭＩＴアントレプレナーシップ・センターや、ハーバード大学やスタンフォード大学にもある起業センターで共通して話していることです。要は、ビッグプロダクトではなくて、ミニマムプロダクトで隣人の問題解決を「具体的にできる」こと、それだけなのです。それ以外はとりたてて必要ないのです。

アクティブラーニングの罠

今まで当たり前だった、社会の常識が大きく変わります。新しい未来での自由な選択を子どもたちに手にしてもらうために、私たちはここにいると思っています。繰り返しになりますが、いま教育現場に携わっている多くの方々は「変化の激しい時代に対応できる、世界に貢献できる人材を育成する」という箕面高校の教育の定義をまさに今、共に目指しているのではないでしょうか。答えがない時代に何から始めるかを考えた私は、つけるべき学力として次頁の3つを掲げて取り組みました。仮説・検証・プロセスをつくるためには、こういう学力がまず必要だと考えたのです。

「アクティブラーニング」という言葉をテレビや新聞、教育関係者の間でよく耳にします。実際のところはどうなのでしょうか。

これはスタンフォード大学で数十年前からしていることでもあり、世界においては古典のようなポジションだと思っています。それよりも今はインタラクティブな関係性をいかにつくり、ダイバーシティを理解し、共感し、変化・成長し続けることが、より重要な時代です。いうなれば双方向でありつつ、トップダウンのない、本当に対等な関係をどう築くか。そこを見据えて子どもたちに何を手渡せるかを考え続けてきました。というのも、日本でオープンマインドをうたっていながら、全くオープンマインドではない研修が存在しています。中にはアクティブラーニングの研修なのに、一方的に聞いているだけの講義型の研修も多くみられます。実際の中身はノンアクティブ、という滑稽な状況があります。

　ここでいうアクティブとは脳が活性化すること、つまり能動的になる状態で、決して思考論ではありません。いわば哲学に属する領域になります。なのに、日本ではなぜか言葉だけが先行して、皆でグループワークをしたらアクティブラーニングという認識をもっている人が多いことに驚きます。中身をみると、残念ながら定義もアプローチも間違っていることが少なくありません。では、アクティブラーニングの「質」をどこで見分ければいいのでしょうか。

　答えは実にシンプルです。教える人が、生徒のためにしているか。自分に酔っていないかどうか。この1点につきます。そして本当に生徒をアクティブにしたいと思っている人は、生徒のために、という言葉をいちいち使わないのですぐに分かると思います。

　少し辛辣に聞こえるかもしれませんが、先生が自分のためにやっているというパターンが多く存在します。

箕面高校でつけるべき学力

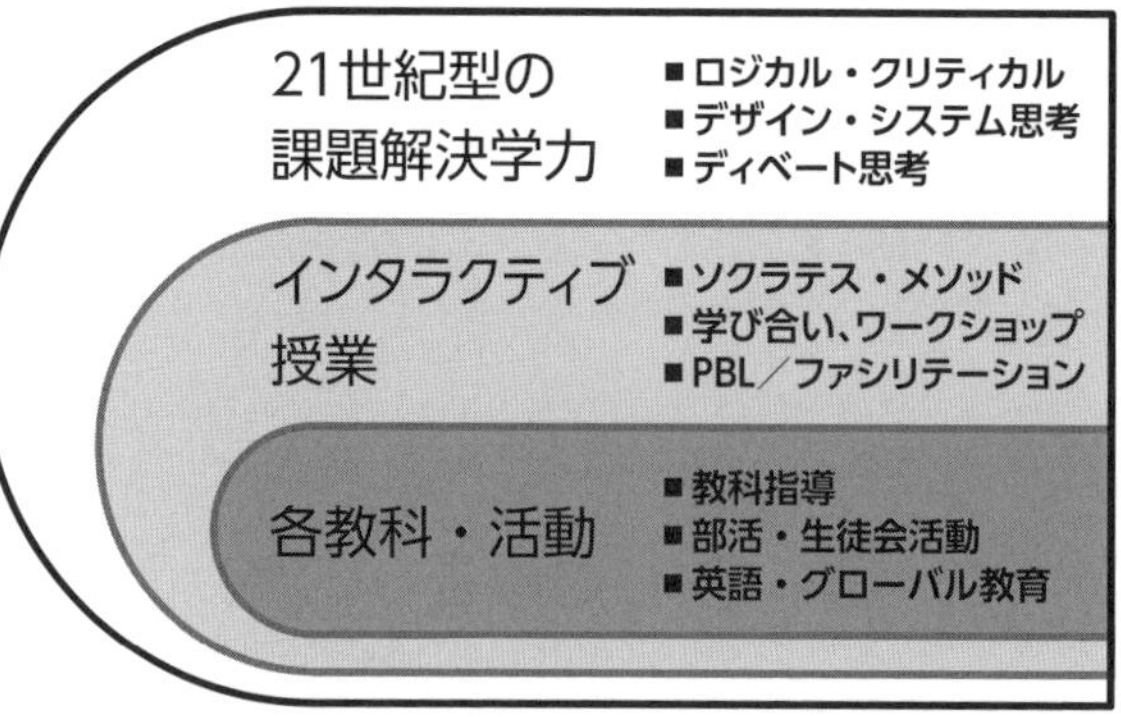

これは学校のあり方や教師に限った話ではなく、会社組織にも通じる話なのかもしれません。上司が言う部下への「お前たちのため」という言葉は、不思議と空々しく聞こえませんか？私はこの言葉を聞くと、あなたは自分より小さな者をつくろうとしていませんか？　と聞きたくなります。もちろん、そうでない人がたくさんいることも知っています。だからこそ、あえて自分のいうことを聞く人間をつくろうとしていないか、と問い続けることは大切なことだと思います。

日本では学校でも企業組織においても、ある一定数において自分より偉くなってもらっては困るという人たちが存在しています。でも、それではまるでマトリョーシカの大量生産になってしまいます。対して、海外においては、先生と生徒は対等で双方向であり、トップダウンの関係はありません。日本では、生徒たちは常に大人の顔をチラチラと見て機嫌を伺っています。それはその場所が安心・安全ではないことを意味しています。他にも独特の同調圧力の影響もあります。こういったことをなんとかしていかない限り、この国の未来は沈んでいくのではないでしょうか。少なくとも私はこの状況に、大きな危機感をもっています。

海外の名門大学が求める人物像とは

アメリカにはアイビーリーグと呼ばれる、トップクラスの名門私立大学が８校あります。こういった大学が求めている学生像をご存知でしょうか？　成績が良いだけでは絶対には入れません。そして実際のところ、優秀なだけの人は望まれてもいません。普通の人が合格するのは至難の技です。

ここでいう普通の人とは、突出している「何か」をもっていない人材を指します。要は、価値観が日本とは全く逆なのです。ここでは自分の希少性を上げている人、一般化しないように価値付けしているかどうかが、何より問われます。

「今日はどんな気分ですか？」と聞かれて「普通」と答える。そこであなたの普通ってなんですか？　と話せる人です。「面倒くさいよ」と言ったら「あなたの面倒くさいの定義って？」という話ができる人なのです。その先も「どの部分が面倒くさいの？」という風に延々と対話が続けられる人。「なぜ宇宙に行くんですか」と聞いたときに、「その宇宙が○○で○○で……」という話になってしまうほど、パッショナブルに話せる人かどうかを問われるのです。

最低限で数学とアート。そして歴史。この3つはできればやっておいた方が良いと思います。そして体育。体力がないと難しいと思います。例えばスポーツでアクティビティの成果があること、学校の体育の成績も見られています。日本であれば、ものすごく勉強をして、受験問題を解けるようになれば、有名大学に入れるかもしれません。でも海外大学や国際社会では絶対に通用しません。それなら山を走って体力をつくった方がいいのです。あるいは1年間のギャップイヤーを取って、世界中を旅行した方が有益だと常々話しています。

要するに、どんな学生が欲しいかといったら、「Who You Are」に答えられる人材、極論を言えば、ほかの誰とも違うクレイジーで変態な人材が欲しいのです。決して交換可能な部品のような人間ではありません。

アメリカのトップクラスの大学では、頭が良いのは当たり前のことです。それよりもどういう行動力を持っていて、どういう貢献をして、どういうネットワークをいま持っていて、それを今後拡げる可能性をどれくらい持っているのか。これが海外の大学が生徒たちに求めているものなのです。

グローバルな人材と英語を話す人材は違う

おそらく50年後の未来には、何を選ぶべきかという課題がたくさんあります。国家の枠組みを緩くするのか、拡大するのか、違うパラダイムをつくり出すのか。そういうことを考える人材をつくっていかなくてはいけないと思っています。なぜなら近代国家の限界点がくるとき、争いが起こる可能性も高まるからです。

万が一、何らかの形で起きたときの争いの中において、まっすぐに生き抜く人間になっていないと苦しくなります。もちろん、平和は一番大事です。同時に、平和の背景には必ずパワーポリティクスがつきまとうものなのです。そのときにもっとも重要になってくるのは、フェイストゥフェイスでの人脈です。

直接的にどれだけ繋がっていて、人のネットワークを持っているかで、勝負は決まります。

もし私たちが今後の日本を生き残らせたいと願うのなら、できる限り世界の人たちと繋がっておくことが、日本の価値を最大化できるものだと考えています。国内にずっといたら当たり前で気づけないことでも、世界に出ると輝きを放つ国民性と文化が日本にあるとなれば、そこに存在価値が生まれます。もしそうでなければ、残念ながら消えていくしかありません。歴史的にはそれが世界の共通項なのです。

英語が話せる人＝グローバルな人材ではない、ということを今こそ理解して動くときではないでしょうか。想像をはるかに超える50年後の未来を見据えて、目の前にある世界を舞台に考えて動ける人を今、育てるべきだと思います。

お金も国も変わっていく

これからどうなるかについては様々な議論がありますが、まず現金はなくなるのではないかと考えています。全部ネット上の数字だけに変わるのではないでしょうか。現金が存在しなくなると、管理通貨制度における国家の信用のもとに発行をしている通貨が消えていく可能性が高くなるということです。

一歩間違えれば、通貨の価値は一気に下落して、デフォルトになる可能性も否定できません。それがさらに加速すると、最終的には、近代国家が必要かどうかという議論にまで発展する可能性すら秘めています。

例えば、現金から全部ネット上の数字だけに変わって、現金が存在しなくなるとしたらどうでしょう。管理通貨制度における国家の信用のもとに発行をしている通貨が、まるごと消えていく可能性が全くのゼロとは言い切れなくなってきます。そうなると、そもそも国家が必要でなくなるという考えもでてくるかもしれません。国家がいらなくなったと言われても、おかしくない世の中になる可能性もあるのです。

そもそも近代国家は何のために存在するのでしょうか。実は、近代国家は絶対王政のアンチテーゼであり、絶対権力者が登場してこないように、権力の分散のために生まれたという側面をもっています。そして、外交と治安の維持のための主体として存在しましたが、その目的も一定程度達成され、その存在意義が問われたために、「夜警国家」「福祉国家」などというものが後付けされてきました。そのために税金の額は上がり、管理のための公務員が増え、各国は負債が膨らむ、という矛盾を抱え続けています。この側面から「本来的に近代国家は現代社会において必要なのか?」という議論にたどり着くのが、世界の共通の課題となっています。組織は一度つくると生き残ることを優先するあまりに、そもそもなぜ存在しているのかを考えなくなっていく傾向があるからです。どちらかというと、国家よりも企業の方が強くなっていくのではないでしょうか。その方向によっては、そもそも日本がこのまま生き続けるかどうかさえ怪しくなっていく可能性を秘めていると思います。

もう一つ、近代産業国家、産業革命のときに工場ができましたが、これも消えていくのではないでしょうか。工場は産業効率を上げるためにできたシステムですが、それが全部ＩｏＴと３Ｄプリンターのレベルが上がって、解決されていくからです。ＭＩＴのテックレビュー（MIT Technology Review）を読んでいると、まるまる車1台を鉄の３Ｄプリンターでつくったとありました。こうなると工場におけるロボットが必要でなくなり、人間がいらなくなります。

友人が作ったのは３Ｄプリンターで24種類の金属を出せるものでした。ニッケルからコバルトまで全部です。「そんなことができるの？」と聞くと、「全部解決したよ、ハハッ」と笑っていました。こういった情報を見ている人は少ないのですが、英語さえ分かれば、そのレビューは誰でも読めるものです。人類にそもそも必要なものは何か。いま改めて問い直す時期にきているのです。

未来をどう捉えるかを決める

家から一歩外に出れば、街があって建物もひしめく日本は、ちゃんと生きている国に見えるかもしれません。でも日本の社会システムそのものをみると、世界のグローバルシステムに全く適応できていないのが現実です。根本的な部分は１９６０年代から何も変わっていません。誤解を恐れずにいうと、私にはまるで燃え尽きた国のように見える瞬間もあるのです。ある高名な研究者に言わせれば、「今の日本は、社会資本は充実したが、社会システムはバブル崩壊によって焼け野原になった。だから面白い研究をしていても、あちらこちらから声がかかる。これがバブル前なら、ただの変態で終わっていたと思います」ともおっしゃっておられました。だからこそ、「何にもないと思ったら、何でもやってみていいでしょう」とも思うのです。

このコップの中に、水がこれだけあると思うか。あるいは、これだけしかないと思うか、という心理学の実験があります。結局は、どういうレンズで世の中を見るかで全く景色は変わる、ということに尽きるのです。

私が日本でこうして学校教育に携わっているのは、この国のシステムが燃え尽きて、本当に焼け野原のようになっているのが見えているからです。逆に焼け野原だ、と認識すれば、気も楽になりますよね。もう失うものは何もありません。そして、そのことを誰もが実感できる変わり目が、もうそこまで来ているのが見えているのです。

「東大や京大に行くことが幸せ・安心」という時代はもう終わりました。そのことに気づいている人は、どれくらいいるのでしょう。あるいは気づいていても、物言わない人もいるのかもしれません。私は「ゼロから発想を変えるときだ」ということを伝えるために、ここにいるのだと思っています。

いい大学・いい会社に入っても幸せにはなれない

アメリカのポートランドという街で起こっていることをご存知でしょうか？　今やフランチャイズ系の大手の飲食業や小売業が一切入れない都市になりました。あるのは1点ものを扱う会社です。ここではITで成功した人たちが飲食などを営んでいるのです。要はセカンドライフ、サードライフとして「こういうことをしたかった」ということを実現するための街です。スタバさえありません。大手企業は排除するという条例が定められているのです。

人生とはどういうものなのかを、みんなが考える時期に入りました。要はいい大学にいっていっぱい稼いで、長生きするのはほんとに幸せなのか？　ということです。やりたいことを続けて、自分の人生に満足する生き方ができたほうがいいんじゃないか。それを実現しようよ、と私は伝えたいのです。

大量生産型の産業革命以降、パワーで押してきた社会をどのように再構築するのか。アメリカはこの課題を考える時代にようやく入りました。でも日本はまだそのだいぶ手前にいます。いい大学に入って、大手に入って、お金を儲けたら人生安泰。それは本当でしょうか？

年収何千万円と聞くと、華やかで人生も盤石に映るかもしれません。でもそこで働けたとして、実際はどうでしょう。私は正直にいうと、自分の子どもにはそうなってほしくないと思っています。何をもって幸せとするかを考えるときが、ようやく訪れたと思っているからです。

生徒たちには、たとえハーバード大学に受かっても、寿司屋になりたいならそれを蹴って、寿司屋になりなさい、とよく話していました。要は、それくらいの根性があったらどこでもやっていけるよ、ということです。もし、ハーバード大学の厳しいアンダーグラデュエイトのエッセイが書けるほどの根性があるなら、絶対においしい寿司を握ることができると私は思います。包丁の選び方ひとつをとっても、気合いからしておそらく違うことでしょう。やりたいことをやって満足する人生を実現するときに、学んだ経験とやり抜いた経験は価値ある糧になります。お金やいい職場を目指すことはもうやめたほうがいい、といつも伝えています。

安定を求めるなら動き続けろ

ＭＩＴ（マサチューセッツ工科大学）のアントレプレナーシップ・センターの所長であるビル・オーレット氏に聞いた話の中に「安定を求めるのだったら動き続けろ」という言葉があります。安定を求めて止まろうとすると、物理学的に不安定になる。安定は振り子と一緒だから、動き続けているときに初めて安定する。止まった瞬間に不安定になるから、安定を求めるなら動き続けなければいけない、という話です。

大学で講演会をすると、目の前の大学生たちの不安な気持ちがひしひしと伝わってきます。今のままではまずいとみんな気づいているのです。でもどうしたらいいか分からないから考えるのを止めてしまう。考えるとしんどくなってくるからです。あとはバイトと飲み会に追われていく毎日の連続です。何もしないでいると、そのうち全員がゆでガエルのようになってしまうでしょう。ゆっくりと水温を上げていくと、カエルはそれに気づきません。そして、沸騰するほどの高温になっても気づかないまま死んでいく、というたとえ話です。

日本の学生たちの能力は、東大生も京大生も阪大生も、とても高い水準です。でも今の教育のシステムは、それを全くといっていいほど引き出せていません。20世紀の世界の教育のコアは、フィックスト・マインドセット（固定された思考と態度）でした。これは社会や組織に順応・最適化できるかどうかの教育です。それが今ではグロース・マインドセット（しなやかな思考と態度）になりました。これはいかにブレイクスルーするかの教育です。現状を打破するために、約300年ぶりに世界が変わろうとしています。このことに気づいている人は、まだ日本では少ないのかもしれません。

「ビジネスをしたい」は愚かな人の言葉

私の哲学は、簡単にいうと貢献です。「生きるとは何か」「世界に貢献するとは何か」を考える。やっとそういう時期に来たと思っています。

これまでは経済学の延長上、貧富の差が大きくなっていった結果、いっぱい稼いでいる人が幸せだという考えが大きなパワーを占めてきました。ですが、本来はお互いが分相応に鍛錬をして、本当に望んでいる範囲の幸せを手に入れることが人間の満足と幸福だと私は思います。それがいつの間にか、みんなが上を向いて「お金、お金」と叫ぶ世の中になってしまいました。お金で幸せは買えないのです。もしかすると、お金があると幸福になれると本当に思っているのでしょうか。私にはそれが理解できません。

同時に、夢はリアルにしないといけないと思っています。世界を救うといっても、本当に世界全体を救う必要はないとも思います。自分の身近な世界を助けることができれば、それで十分だと思います。生徒たちによく言っていたのは「会社をつくりたい」「ビジネスをしたい」というのは、愚かな人のいう言葉なんだよ、という話です。ＭＩＴにおいて、常に強調されているのは、「隣人の問題解決をしろ」でした。その向こう側に少しずつビジネスが広がるはずであって、隣人を助けることもできない人間が世界を救うことはできないよ、という話です。ビジネスとは、本当に隣人を助けたいと思った先、その向こう側にあるものです。それはミニマムプロダクトが一番大事で、ビッグプロダクトだけを追っていても、成功することはまずありません。

私の思う貢献とは、目の前の人たちが幸せになってくれたらいいかな？　というくらいのものです。世の中のために、とはあまり思いませんし、ほとんど趣味のような感覚に近い。それが誰かのためにそれがシステムになっていったら最終的にはよいと思いますが、私は現場の人間なので、どんどん入り込んでいってしまうだけなのです。

もし今が戦国時代であれば、馬に乗って最前線で先頭を切りながら「お前たち、ついてこい！」とやっているでしょう。いわば、海賊船の船長なのです。私の場合は、現場にいないとダメになってしまう。ただそれだけのことなのです。

そして、日本のビジネスマンに元気になってほしいという思いがあります。人生が決まっているという雰囲気があるのでしょう。バーやカフェにいくと、よく人の悪口をいっている人を見ます。本来のバーやカフェは、クリエイティブな場所です。せっかくたくさんのアイデアが浮かぶ場所なのにも関わらず、上司がどうとか会社がどうとか話している人を見かけるたびに、その時間がもったいないなと思います。むかつくのだったら会社やめましょうよ、新しい旅にでちゃいましょう、と思ってしまいます。

いま、私たちの目の前には大海原が広がっています。日本全体のことを不安に思う人が多いかもしれませんが、逆に、世界で一番大きなブルーオーシャンが広がっているのもまた、この国なのです。私たちの目の前に広がる問題を解決することが、日本が一気に世界の未来を切り開くチャンスになる。でも多くの人にはその感覚がないのだろうなとも思うのです。

「無理」だと思ったらそれがチャンス

ありがたいことに講演の依頼をいただき、登壇する機会に恵まれるようになりました。そこで、毎回残念に感じるレスポンスがあります。それは「すごいですね」と言われることです。なぜなら、この言葉には、拒否が含まれているからです。要は「あなたはすごいですが、私には無理です」という意思表示なのです。

私は「すごいですね」とおっしゃる方とも、ぜひ一緒にやりたいと思っています。だから「一緒にやりましょう」と話します。すると「それは無理です」と言われてしまうのです。「あなたはすごいですから。私にはそんなことはできませんよ」と言われるのです。

私は、自分よりすごい人をたくさん見てきてしまったので、自分をすごいと思ったことは今まで一度もなく、どちらかというと劣等感の塊かもしれません。ですから、「すごいですね」と言われても、そこに何の価値も見出せない人間です。ましてや、それで幸せを感じることもありません。すごいねと言われたら、ただ、拒否の意思を感じるだけなのです。

少し考えてみてください。幼稚園児をイメージしてほしいのです。園児が横で砂山をつくっている友達を見て「すごいね。でも僕には無理だよ」と言うでしょうか？　どちらかというと「一緒にやりたい！」と言いつつ、手が先に動いて一緒につくりだすのではないでしょうか。それが私の思うオープンマインドです。私たちは大人になるに従って自分を守るために、遠回しに拒否をするようになります。でも幼稚園児のように、本当のオープンマインドになれたなら、社会に蓄積されている問題解決も必ずできると私は考えています。

例えば「学校改革なんて無理だ」「公立学校では絶対無理だ」とほとんどの人が言っているとき

に「これはチャンスだ」と感じられるかどうかです。もちろんそこには当然、ストラテジー（戦略）と思想、そしてビジョンがないと、現実にするのは無理でしょう。それでもまずは、それを「チャンス」ととらえることができるのが、何より大事だと思っています。

少し大きな話になりますが、人類がどこに向かうのかをみんなが考え続けない限り、年々しんどくなっていくことでしょう。私がしているのはチャレンジとして、考え続けること。おそらく、それが国力となるからです。それが、未来の国の力につながっていくことを、私は信じています。

第2章

箕面高校1年目のチャレンジ

まずは自分でやってみる。30代の最年少民間校長へ

面白い民間人校長がいる

「ティーチ・フォー・アメリカ」というアメリカの教育NPO団体をご存知でしょうか。アメリカの一流大学の学部卒業生を国内の教育困難地域の学校へ常勤講師として赴任させるプログラムを提供している団体です。その日本版となる「ティーチ・フォー・ジャパン」を創設した松田さんから、登壇するから見にこない？　と誘われたのが2012年のことでした。行ってみると、それは当時の和泉高校の民間人校長で、のちに大阪で教育長になる中原さんとの対談でした。聞きながら「こんなに面白い民間人校長がいるんだな」と思ったことを覚えています。

もともと松田さんと知り合ったきっかけは、アメリカにある「KIPP（ナレッジイズパワープログラム）」でした。KIPPはアメリカのスラムへ入り込んでいって、学校を立て直すというプログラムです。昔から経済格差＝教育格差になってほしくないという哲学をもっていた私は、日本でもKIPPと同じようなことができないかと考えていました。例えば経済的に豊かではないエリアから、ハーバード大学やMITといった海外の大学に行けるような学力をつけていくのです。

アメリカの公設民営学校をチャーター・スクールと呼びますが、本当は日本でもこのチャーター・スクールをやりたいと考えていました。チャーター・スクールは、国・民間問わず、社会全体で学校をケアできる点が魅力でした。私がこんな風に経済格差や教育格差があってはならないと考えるようになったのは、タイでの経験があったからです。

タイで感じた経済格差と教育現場

子どもの頃は、親の仕事の都合でタイに住んでいました。タイは貧富の格差があまりにも大きく、どんなに能力が高くても学校に行けない子たちがいっぱいいます。日本ではあまり見かけないと思いますが、いろいろな面でとても極端な国でした。こういう事情を子どものときから見ていた私は「これではいけない」とずっと思って生きてきました。

あるとき、日本の高校の教員年齢構成を見ていて、50歳を超えている先生の数が全体の半分を超えていることを知りました。ということは、今後10年以内に40代・30代の先生が校長を担う時代が来るということです。日本での校長職はまるでキャリアの総仕上げのように見えますが、アメリカやヨーロッパでは専門職として確立されている職業です。経営のプロとしてあちこちに入り込んでいって学校を立て直すのです。校長の年齢も若く、30代後半から40代後半くらいの人たちが中心となって活躍しています。

私自身、奈良で高校の立ち上げに携わった経験があり、塾での管理職の経験をもっていました。学校の経営と現場のどちらも理解ができるし、30～40代でも校長はできる。それならば自分が人柱になってみようと思いました。

要は、誰々が悪い・社会のせいだと悪口を言うくらいだったら自分がやれ、ということです。チャーター・スクールはまだ日本にはなく、法の整備も追いついていない。「それならば民間人校長をやってみたらいいよ」と人に薦められるようになりました。そういう道もあるのかな、と考え始めたのが2013年のことです。こうして振り返ると、あの日、松田さんに誘われて対談を聞きに行ったことが、この道につながっていたのだなと思います。

2014年に現役最年少の民間人校長に

2013年に大阪府の民間人校長の公募試験を受けました。一般の先生と外部の先生を対象に、約900人近くの応募があったと記憶しています。受かったのは7人。その1人にかろうじて選ばれました。

当時、現役において最年少の民間人校長でした。論文のテーマは、「グローバルと貧富の格差の解消」にしました。「できればタフな地域に行きたい」と書いたことを覚えています。もちろん自分で選ぶことはできません。その後、大阪府立箕面高校への着任が決まったとの連絡を受けました。

妻は「どうしていまさら？」と大反対でした。民間人校長は原則3年、最大5年です。奈良の高校の立ち上げメンバーとして終身雇用も保証されているのに、なぜ、期間限定の雇用を選ぶの？　という言い分でした。着任前にどんなプランがあったのか？　とよく聞かれるのですが、このときは本当に何もありませんでした。ただ、3年でなにかしらの結果を出さなければいけないな、とは思っていました。その矢先、思わぬことが待っていたのです。

骨太の英語力養成事業の指定校に認定

着任して早々の2014年4月2日、大阪の教育委員会に箕面高校を含む17高校の校長が呼び出されました。そこで初めて、「あなたたちの高校は『骨太の英語力養成事業』の指定校です」と聞かされたのです。前職の校長が手を挙げていたとのことでしたが、私はそのときまで何も知らされていませんでした。

着任してたった数日の間に「ＴＯＥＦＬを受けさせなさい」「海外大学へ進学させなさい」「来年から時間割を変えていきましょう」といったハードな要求が一気に降ってきたのです。実際のところ、有名高校も数多く指定された中で、箕面高校の偏差値は下の方でした。私はその日からどこまでできるかできないかのシミュレーションをしながら、いきなり現場に飛び込むことになりました。

まずは英語課の先生たちを集めて「こんな案件がきました」と報告をしました。良いかどうかは置いておいて、府からの命令なのでしなくてはいけないですね、と話して、「やりたい人はいませんか?」と聞きました。誰も手を上げず、目も合わせません。「TOEFLのスコアはどれくらいですか」と聞くと「受けたことがありません」とのことでした。これはとりたてて珍しいことではなく、そういうものだと思います。先生たちにはもちろん義務もありません。

「みなさん、今から私と一緒にこの案件に対応できますか」と聞くと、「難しいです」という返答でした。先生たちの見えない反発の意識を感じつつ、「解決策を考えておきますね」と答えました。私が手を挙げたわけでもありませんが、これはもうやるしかない。そんな風に気持ちを切り替えて、まずは目の前のことをやろうと決めました。

マインドセットのための土曜特別講座

大手英会話学校とのカリキュラム協働開発

骨太の英語力養成事業の指定校の通達と同時に、予算の執行期限が5月末に迫っていました。要は5月までに計画書を出しなさい、という話です。そして特設講座を始めるように、とのことでした。とにかくいろいろなことに驚きましたが、動き出しました。指定された以上は府の職員としてやりましょう、と先生たちと話して、戦力と現状把握を始めました。そして一週間ほどで「これは自力では無理だな」と判断をした私は、すぐに大手英会話学校に声をかけることにしたのです。

府の骨太の英語力養成事業では、特設講座についた年間予算の上限が60万円でした。なんと月5万円という予算をつけるのが、今の大阪府の限界であり、日本の教育の現状だと強く認識させられました。いくつもの大手英会話教室にオファーを出すたびに「さすがに60万円では」と断られ続けました。その中で唯一、ベルリッツの千里中央校にいた校長先生が私の話を聞いてくれたのです。誰もがすぐに英語英語となってしまいがちです。私は、ベルリッツ＝英語だと思うところに「英語自体はあとでもいいのです」と伝えました。その部分をとても喜んでいただきました。というのも、日本語でもマインドセットの基本ができていないのに、さらに英語で学ぶのは無理だろうと考えていたからです。

マインドセットとは英語以前の必要なあり方、振る舞い方、考え方です。例えば、世界においては交渉の基本である相手の目を見ることや、正確に状況を判断できることが先決です。そういうことをまずは日本語でやりましょうと話しました。マインドセット、クリティカルシンキングを中心にして、そこに英語をついでに入れてくださいとスタートしたのがはじまりでした。

英語よりも思考能力を育てるための授業

骨太の英語力養成事業もそうでしたが、一般的には英語を話せるようになることに重きを置いています。「英語を話せること＝グローバル」と思っている人は、さすがにいないと思っていますが、昔から私はそこに全く興味がありませんでした。

そもそも自分自身が英語が苦手だったこともあり、英語というツールにはこだわりがありません。別にできなくても何とかなると思っています。もし本当に話したいのではあれば、住んでしまえばある程度はできるようになるからです。それよりも大切なことがあります。例えば通訳を通じて話していたとしても、世界基準のマインドセットができていなければ、相手の思考が全く分からず、対等に話をするのもままなりません。その方が大問題だと思います。

手に入れるべきは英語というツールではありません。必要なのは、いわゆる世界のトップエリートと勝負ができるくらいの思考力なのです。そのためにまずはマインドセットが必要だという考えをずっともっていました。私は最近になってようやく、マインドセットという言葉が日本語にないと気づきました。日本語に上手く変換する言葉が見つからないのです。

マインドセットとは、ベースをみんなで強制的に合わせることです。例えば黄色人種の私と、黒人、白人の人がいた場合、生まれた国も宗教も違います。そういったメンバーで、同じ目的に向かってチームを作るときに、必要不可欠になるのが、ここでいうマインドセットです。

こういう考え方をどこで身につけたのですかとよく聞かれるのですが、海外での経験だと思います。母校である同志社国際や、タイのインターナショナルスクールで学んだことに、こういうマインドセットに必要なメソッドがいっぱい入っていたのです。インターナショナルスクールといった民族も宗教もバラバラな環境では、まず議論のベースが存在しません。こういったマインドセットがなければ、全員で対等に話し合うことはとても難しいのです。

もう一つ。日本人がアメリカの大学へ行ったときに、英語を話せるのにも関わらず、端っこに座っている悲しい学生たちをたくさん見かけます。なぜそうなるのかというと、結局は言語能力ではなく、コミュニケーションのあり方に課題があるからではないでしょうか。人間関係をどうつくるか、人種も考え方も多様なダイバーシティにどう対応するか、文化的対立といったカルチャーコンフリクトをどうするか。海外に飛び出すとこういった問題がつねに立ちはだかってきます。コミュニケーションは、本来そういったコンフリクト（対立）をどうやって解消するかの手段でしかありません。

アメリカの大学がスタートの段階でやっているようなプログラムにできるのはベルリッツしかない。だからそのプログラムを一緒に作りましょう、と私は話しました。内容は英語4割、マインドセット6割です。中身はクリティカルシンキングやロジカルシンキング、ノートテイキングです。こういったことをベルリッツの方と話をしていくうちに「それは僕の責任でやらせてもらいます」と言っていただきました。そして上司の方を一緒に口説きに行ったりする中で、ようやくプロジェクトが動き出しました。

ベルリッツには、とにかくインタラクティブにやってほしいとお願いしました。先生たちと一緒につくっていきたいのであって、箕面高校の先生と一緒になって授業をしてほしいと考えていました。これは学校改革であり、マインドセットを行うための特別授業なのです、と伝えました。

学校の先生たちにしてみれば、外部から人が来たら気分が悪いと思います。現場の先生もプロですし、ベルリッツの先生もプロです。協働開発でお互いのメソッドを生かしてミックスすれば、最高のものができるはずだと考えました。ベルリッツには当校を実験に使ってくださっていいです、責任はこちらで全部取ります、と話しました。ただし先生たちとコラボレーションでつくってください、としっかりとお願いしました。これが箕面高校の土曜特別講座のはじまりです。

40名の生徒で始まった、土曜講座

着任早々から急ピッチで動き出した特設講座ですが、５月末には始めないとすぐに期末テストがやってきてしまいます。変える以上はすぐにやった方がいいということで、中間テストが終わったタイミングですぐに始めました。夏休みに入る前に３回は開催しておかないと、マインドセットは難しいと思ったからです。毎週土曜日にエキストラカリキュラムをするとしても、１年間で14回しかできません。ならば、その14回の中でどうやってマインドセットをしていくかという勝負になります。60分の中で徐々に英語を増やして、最終的に英語でのマインドセットまで持っていくのが目的でした。いきなりフルイングリッシュというのはありえません。最初の半年は、ほとんど日本語での授業で構成しました。

流れとしては、まずプログラムのメインコアは私がカリキュラムとして作成し、それをベルリッツメソッドで返してもらいました。それを先生たちが高校生用にダウングレードしたものを返して……というインタラクティブなやり取りで作り上げていきました。幾度も重ねたベルリッツと箕面高校の先生たちの議論の場で、無言になりがちな先生たちに「そうですよね。どうしたらいいですか」と何度も問いかけながら、徐々に巻き込んでいきました。こうやって人を巻き込むことは得意なのです。

こうして約１カ月半で協働開発の新しいプログラムを完成させて、５月末からエキストラカリキュラムとしてスタートさせました。ＴＯＥＦＬのスコアも含めて目指す一定の基準に届く生徒を対象とした、土曜日の午前中60分の授業です。ハードな内容になるのは想定していましたが、成績が悪くてもやる気のある子には門戸を開きました。結果、生徒40人が集まりました。

最初の授業では生徒も先生も「石」

そうして始まった土曜講座の1回目の授業でしたが、参加した生徒と先生たちの反応は、一言でいうと「石」でした。とにかく動かないのです。頷くこともなく、聞いているのか聞いていないのかさえ、見ていて分かりませんでした。生徒同士が信頼していない、安心感もない。お互いのリアクションの様子をうかがっているという雰囲気でした。その日は骨太の英語力養成事業プログラムのチームの先生たちにも、授業に参加してもらっていました。何度も「ベルリッツの先生へもっとリアクションを返してください」「面白くないなら面白くないと言ってください」と言ったのですが、それでも誰も何も話しません。

このときの授業は「ものをどう見るか」のマインドセットでした。水がこれだけあるか、これだけしかないか。ものの見方、表現によって全く違うんだよというマインドセットです。ずっと授業を見ていたのですが、これはもう仕方がないなと思いました。そして最後に「ごめんなさい。全然授業が面白くないし、わかりにくいからやり方を変えてください」と伝えた瞬間、教室全体が凍りついたことを今でも覚えています。

ベルリッツの先生にはハードな要望をするから覚悟してくださいと伝えていましたし、生徒にも先生にも何を言ってもいいんだよと伝えていました。それでも誰も何も言わない。だから私が手を上げて「全然分からないので、もう1回説明してほしい」「変えてほしい」と言ったのです。それで一気に場を凍らせてしまいました。

正直にいうと、そのこと自体に私はとても驚きました。後で生徒からは「先生がなぜ怒っているのかわからなかった」という声もありました。そういった固さは2回目も3回目もほとんど変わらず、最初の1年間は見ている限り、生徒にも先生にも目覚ましい変化は感じられませんでした。

写真は2年目の土曜講座の風景。徐々に発言が増え、生徒たちの英語に対する意識が変わり始めた。

英語以外の教科の先生でも、有志の方は来ていただいて大丈夫ですよ、と伝えていたものの、最初は誰も来ませんでした。それが最終的には英語以外の教科の先生たちもどんどん講座に参加し、一大チームになっていくわけですが、始めた当初はまさにゼロのスタートだったのです。どんなことでも、何かが変わるときというのは突然ではなく、地道な積み重ねがあっての話です。最初の1年はまさに忍耐の年となりました。

先生とのコミュニケーションと意識改革

お互いを批判し、非難する先生たち

箕面高校には正職員が65名、非常勤を合わせて約100人が在籍していました。そこに管理職が3人です。私が来たことに、先生たちは相当不安だったと思います。着任してすぐにわかったのは、先生同士の仲がとても悪いということでした。誰も目を合わせて会話をしていないのです。いいムードでないどころか、職員会議でも到底議論とは言えない、非難ばかりする姿を見かけました。何がきっかけというよりは、みんなが勝手なことを話しているので、結果としてお互いの批判が始まっている状態です。それは議論ではなくて、批判、非難、悪口でした。

先生同士の間に信頼感がほとんどないこともわかりました。今、学校は「学校教育自己診断」というアンケートを実施することを義務付けられています。これは、各学校で開示を義務付けられているため、どの学校のホームページからでも見ることができます。このうち、同僚を信頼していますか？　の問いに対して、ＹＥＳは2割。それなのに、先生たちは「僕たちは仲がいい」と言うのです。「先生同士で仲がいい」「授業がうまくいっている」と言っているときは危ないときです。長年の経験から私はそれを知っていました。どの学校であっても、もし困っていることがあれば、まずは先生同士で話をするのではないでしょうか。

例えば「この生徒が困っているんです」とか「うちのクラスは最近うまくいっていないんです」という感じです。ですが着任して私が最初に聞いたのは、生徒の自慢でした。「うちのクラスはこうだ」とか「うちの生徒にはこんなにいい子がいる」といった感じです。冷静に考えればわかるのですが、そういう発言は、全て不安の裏返しです。私も現場の教員でしたから、そういうことは話していて大体わかりました。正直、これはまずいなと思いました。みんな相当仲が悪いのだろうという情報が、手に取るように伝わってくる現場だったのです。

ヒアリングに徹して見えてきたもの

着任して最初の３カ月に何をしたかというと、こちらからの経営方針などは一切出すことなく、まずは先生たちのヒアリングでした。その頃の職員会議は各学年・各分掌に対する「いかがなものか?」的な弱否定を繰り返すだけか、校長への不平不満を言う場所でした。何も話さなくても批判されることもありましたし、「民間人校長だから、だめなんですよ」という根拠のない「から」もたくさん言われました。私は学校経験者なので、最初はまあこんなものかなと思いましたが、それでもなかなか大変でした。人によっては、途中で潰れていたかもしれません。

先生たちの間には安心感が全くなく、お互いをけん制し合うような職場でした。これは学校だけの話だけでなく、多くの会社でも起こっていることではないでしょうか。飲み屋では、誰をどうだとか誰の席を取るかといった、イス取り合戦と噂話が飛び交っています。古くなって身動きのとれない会社や、うまくいっていない企業は、どこもこういう感じなのかもしれないな、と思いました。

私はとにかく、先生たちが困っていること・やりたいことを徹底的にヒアリングしました。一人ひとりに直接聞くのです。会議では絶対に誰も何も言いません。お互いに何を発言しているのかを監視するように見ているからです。生徒たちにもそんなところがありました。ならば、1対1で話すしかありません。先生によって言い方はいろいろと変えますが、「何かありませんか」「困っていることはないですか」「最近大丈夫ですか」という感じで話しかけました。

何かを始めるときには、こちらから先に提案をするのではなく、いろんな角度から何回もヒアリングをすることを私はいつも大切にしています。「困っていることはないですか」「やりたいことはないですか」に対して2、3人が話すことは、その向こうに6倍くらいの人数がいるということです。こちらから見えないところでそういう話をしているはずなので、その意見を代弁者として話していると捉えます。そうしたらいろんな意見が見えてくるのです。そうやってこちらがしたかった部分と、彼らがリンクしている部分から順番に広げていきます。そして最終的には緩やかにボトムアップで改革が進んでいく体制をつくる。それが最終的な目的でした。

こう書くとスムーズに聞こえるかもしれません。ですが、これには本当に時間がかかりました。1年目はほとんど何も変わりませんでした。とにかく人間関係が希薄で、誰も本音で話しませんでした。その姿を見ながらみんな本当は寂しいんだろうな、と思いました。それでも根気強く話しかけていくうちに本当に徐々に、自分の本音を少しずつ話してくれる先生が増えてきたのです。面談でポロッと愚痴の一つを聞けるようになったのは、2年目の半ばを過ぎてからのことです。「私に言うのではなくてこの人に言うべきだよ」ということも話してくれる先生も現れるようになり、そこでようやく、先生たちの顔が少しずつ見えてきたのです。

「困っていること」と「やりたいこと」をマッチングさせる

仲の悪かった先生たちが、横に繋がれるような職場づくりのきっかけにしようと思って取り組んだのが、大阪府から降ってきた骨太の英語力養成事業のカリキュラムでした。外部の力とミックスしてみんながで きるように組み立てたのは、そういう狙いもありました。もう一つは、先生たちの小さなプロジェクトをいくつも立ち上げることです。

ヒアリングをして分かったことは、先生たちのやってみたいことはかなりバラバラということでした。いろんな先生がいろんなことを言っている状態だったのです。しかし、どの先生にも「自分の力で日本の教育を変えてみせる」「生徒たちの笑顔に満ちた学校にしたい」という想いはあります。その気持ちを、一つの経営方針に集約することが重要だと思っています。

例えば英語教育のあり方については私はこう思う、例えば数学はこう思う、部活はこう思う、ホームページはこう思う。そんな感じでした。そういった案件を一つひとつ見直して、6つくらいのカテゴリーにデザインし直しました。そして、それらに対しての解決策、多分こういう風になるだろうなとシミュレーションをしました。最終的には6~7つのグループにまとめて、解決できそうなものから順番にそのグループに返していきました。先生たちの困っていることとやりたいことを合致させるために、ここで相当シミュレーションを重ねました。

今だから話せますが、最初の3カ月は眠った記憶があまりありません。気づけば段ボール20箱分ほどのノートに書き出していました。そこで何を書き出していたかというと、全ての想定される質問や、職員会議でのやり取りのシミュレーションです。この先生はおそらくこのように返してくるだろう、といった想定まで、思いつく限り書き上げていました。職員会議ではすいません、ごめんなさいといったことを言いながらも、こういったことを少しずつやっていました。それこそディベート思考でのストラテジーのシミュレーションに似ているかもしれません。

ディベートと聞くと、相手を打ち負かすイメージを持っている人もいるかもしれませんが、実はとてもよい教材です。ディベートとディベート思考は違うものです。丁寧にシミュレーションをしていくと、先生が何に困っているかで出てくるであろう反論パターンが見えてきます。それを少しずつ練り上げていけば、全ての反論に耐えられる中身にできます。

このときでいうと、３年先のストーリーまで大体数千パターンを考えていました。そういった方法で徐々に乗り込んでいけるのです。先生方はとても真面目でした。ただ、今までの人間関係や柵《しがらみ》にとらわれてしまっているようでした。その中で、丁寧にシミュレーションを繰り返していると、時間はかかりましたが、先生方にも私のその態度や配慮に気づいていただけるようになりました。こうして、少しずつお互いに理解しあう中で、うまく学校が動き出していった、と感じています。

人間関係が上手くいっていないとき・もめているときというのは、たいていは誤解とコミュニケーション不足が原因です。そのために、まずは小さなプロジェクトからみんなで前向きに新しいものを作り、議論をすれば、誤解も自然に解けていきます。ささやかなコミュニケーションの機会をたくさん作っていこうというのが私の基本的な考え方でした。プロジェクトも絶対に一人で決めるのではなく、必ずみんなでブレインストーミングして決めます。１００％は無理だとしても、たとえ２％でもみんなが言った意見がちゃんと反映できるようにしました。

「仕事は家族のためにする」職場へ

私は「まず、先生が幸せにならないと」と考えています。そして、先生が幸せになって生徒も幸せにならないとダメだ、と思っています。

この考え方を支える源は何かと聞かれると、マネージャーが責任をとることだと答えます。それが私の原動力なのです。アメリカでもオーストラリアでも、良いマネージャーとはそういう貢献者です。それこそ本当に能力のある部長であれば、毎月のようにピザパーティーをやっています。「俺のおごりだ、いくぞ！」という感じです。要は、みんなが幸せに仕事ができる空間づくりをしている人なのです。リーダーとして自分がされたように良い職場環境を作り、家族のためにセットアップをする。それがよいマネージャーだと思います。チームのために貢献できるマネージャーであるか、自分のために組織を利用しようとする人になるか。この違いと分かれ目は、世界共通なのです。根気強く先生たちの話を聞きながら向き合う日々で、一番の支えになったのは先生方と生徒たちの笑顔でした。土曜講座をしているときが一番楽しかったです。本当に始めてよかったと思いました。

当時の箕面高校では多くの先生たちが残業していました。9時10時まで残っている先生たちに「いつも遅くまでありがとうございます」「早く帰りましょう」といつも話しかけました。それでも先生たちはなかなか帰りません。なぜなら「残ることが正しい」と思っていたからです。そこに掲げたテーマは「仕事は家族のためにしましょう」でした。早く家に帰らない人は家族のために仕事をしていない、ということになります。夜の9時を過ぎる頃、チャイムが壊れたときの緊急用の鐘をもった私は、校舎を歩き回りました。

鐘をカランカラン鳴らしながら、「早く帰りましょう」と声がけをしていました。そのときのことは、今でも先生たちは覚えていると思います。週1回か2回くらいでしょうか。鐘を鳴らしながら校内を歩きまわっては「まだ残っているんですか、先生」と話しかけていました。こういった取り組みをしていたものの、もちろんすぐには変わりません。ここでも根気強く続けるしかありませんでした。

そもそも仕事を増やしてばかりでは、いつか必ず無理がきます。いらないものや根拠がないもの、そもそもなぜそれをしているのか分からないものはみんなで減らしていきませんか、という提案を用意していました。でも職員会議のたびに私が話していたのは「みなさんお疲れだと思います。いつもお疲れ様です」という話だけです。「最近大丈夫ですか」という姿勢を貫きました。最初からはこちらからの主張は一切しませんでした。

その代わり、人事の面談など個別の場所では「先生どうですか」と一人ひとりから話を聞きました。みんなしんどいのは間違いなかったので、しんどいという言葉の中で「何がしんどいですか。どうしたらいいですか」とゆっくり聞き出していきました。すると先生たちそれぞれの、自分の発言になっていきます。それをまずは個別にすること、本人が自分の口で語ることが大切なのです。

人事の職員会議での挨拶では「最近みなさんと人事面談をして分かりました。みんな職員会議では言えないけれど本当はしんどいようです」という言い方で、先生たちの本音の声を徐々に広げていきました。そして「みなさん、しんどかったら仕事を減らすしかないけれど、私がこれを減らせと言ったら気分が悪いですよね。みなさんでまず議論をしてみませんか」とじっくり働きかけていきました。実際に議論はないことの方が多かったのですが、それでもいいのです。「みなさん、最近議論をされていますか」と問いかけを続けます。最後には「じゃあみなさん、これやっぱり減らさなきゃだめですよね。どうしましょうか？　私からは提案として3つの選択肢があります。どれかを選んでください」とします。実際に業務を減らすには、こういった対話のプロセスが必要不可欠です。

じっくりと時間をかけることで、みんなで少しずつ業務を減らしていきました。何回も丁寧に重ねていくことで、反論も消えて多数決でもない、そんな合意が可能になります。「こんな人たちはこういうことを言っています。次のときにはこういう人たちがこういうことを言っていますね。こういう意見がどっちもありますよね。多数決で決めるのも暴力的だから、その間を取りませんか」と進めていきます。決めるときには「7割満足・3割不満というのは基本なので、そこは我慢しましょうね」というと、反論も起きません。私はどんなときも、この過程にしっかりと時間をかけました。

2年目を過ぎたくらいからでしょうか。少しずつ、「やっぱり家に帰りたいよね」と本音で話してくれる先生が出てきました。そして3年目になると、先生たち自身の口から「帰りましょう」という言葉が出るようになったのです。

業務量を見直し、未来に備える

先生たちとの対話を重ねて、業務の整理をしましょうと実際に動き出したのは、2年目からでした。先生たちからすると、新しいやり方が分からないから減らせないということもあったかもしれません。ですがよく見ていくと、そもそも「なぜしなくてはいけないのか」が抜けていたり、「前からやっているから前例踏襲」「みんながやっているからやらなくてはだめだ」と決めつけていることもたくさんありました。だからゼロから考え直しましょう、仕事を減らしましょうと根気強く言い続けました。必要のない仕事は排除してもいいのですよ、とも何度も伝えました。そうはいってもなかなか分からないものです。じっくりと順番に削ぎ落としていくことに取り組みました。

例えば、時間短縮するために定期テストをマークシートしませんか？　という話がありました。最初は若い先生がやりたいということで、ドキュメントスキャナーを買いました。すると何人かの先生から「記述で書かないと実力がつかないのではないですか。学力が上がらないでしょう」という声が上がりました。私は「でもセンター試験はマークシートですよね。センターは学力をはかっていないのですか？」と話したりもしました。一般的な定期テストの採点は、生徒1人につき20分くらいかかるのが普通です。それを先生1人で200人分しなくてはいけないのです。それをマークシートに変えることで200人分が20分で終わり、業務効率が飛躍的にアップしました。

最初の頃、あれこれと文句を言っていた年配の先生がいました。それが、若い先生がすぐに終わって帰るようになると「ちょっとやらせてほしい」という話になりました。その方は採点し終わった後に「今までの人生なんだったんだ」と怒りを露わにされていました。そしてあんなに反対していたにもかかわらず、「みなさん、校長の言う通り、マークシートを入れた方がいいですよ」と態度が一気に変わったのです。ゆっくりと時間をかけて説明すれば、最後にはしっかりと腹で理解し、自ら動き出す。それが日本人です。そんな風に安心した瞬間に、それぞれが大きく動き出してくれたのです。

ゼロから考え直して、削ぎ落とす

仕事を減らそうという先生たちの動きは、ゆっくりと加速しました。補習・補講に関しても、私は1年目からずっと止めましょうと言っていました。２０２０年から順次、学習指導要領の改訂を含めた大規模な教育改革があります。それに向けて仕事を減らさないと、今の状態で増やされたらみんなが潰れてしまう。そのために補習・補講はもう止めて、その分は生徒と対話する時間を増やしましょうと話し合いました。2年目には何人かの先生たちが「止めたい」と言い始めるようになり、最後までやりたいと言っていた先生の補習も、自然に生徒が減っていきました。同様に学校のイベントも減らしていきました。球技大会などは個人的には好きなのですが、こういう大会はセッティングにとても時間がかかります。生徒が自分たちでやりたいのであればいいのですが、生徒も微妙、先生も微妙。じゃあ、やめましょうということになりました。やりたかったらまたやればいいのです。ですが、結局は誰も言い出しません。そういう感じでどんどんイベントも減って、気がつくととてもシンプルな学校になっていました。

本来、教員の仕事は、学習指導要領と学校管理規則など、とてもシンプルです。様々な経緯によって、仕事を増やさざるを得なかった歴史は理解しています。ただ、減らすことなく延々と「サービス」という名のものとに増やしたために、本来の授業や生徒と向き合う時間が減ってしまっていることがあります。マネージャーたる「校長」の仕事は、その仕事の意味と価値、そして時間を勘案して、教職員が与えられた時間とお金でその業務を法律内で実施できるか、などを判断することが責務です。これは会社でも同じく、ブラック企業の責任は全てマネージャーにある、と厳しく認識する必要があります。改めて、「それはそもそも本当に必要なのか？」「その仕事をする理由と根拠を今のメンバーが説明できるのか？」「本当はいらないのではないか？」を問う必要があると思います。

飲み屋での文句と多数決は禁止

こういう削ぎ落としと見直しで現れてきたのは、自尊心を取り戻した先生たちの姿です。自分たちで自信を持ってアイデアを出し、失敗してもいいからやろうという空気に一気に変わっていきました。学校全体において何事もそうです。だから学校全体が元気なのです。ネガティブなことを誰も言わないのですから、自然にそうなっていきます。

丁寧に積み重ねて、みんなが納得できるように動く。全員が満足できないとしても、7割の満足を積み重ねていく。3割不満、7割満足。割合は大体そういう感じです。その蓄積の連続が、最終的にはみんなにとっての幸せに繋がっていきます。

多数法でみんなすぐに多数決をしたがりますが、箕面高校では多数決はダメです。特に先生同士の中では絶対に禁止にしています。要は、飲み屋で文句を言わせないようにするのです。普通は学校では文句を言えないでしょう。でも、学校で言えなかったら、みんな飲み屋へ行って文句を言います。そういうことをアフターに言わせないような雰囲気を作りたかったのです。先生たちには「文句があったら直接言ってくださいね」といつも言っていました。

多数決をしない理由

多数決をしないことには、明確な理由があります。もし多数決をすると、特定の利益集団が勝ち続けることができるからです。そうすると派閥が生まれるきっかけになります。だから多数決は絶対にしません。これをアメリカですると何が起こると思いますか？　例えばインターナショナルスクールで多数決をすると、特定のエスニック集団が勝ち続ける事態が発生します。そのため、インターナショナルスクールでは多数決を最初から採用せず、丁寧にアンケートを取り、選択肢が2つまで減ったところで、議論をし尽くした場合にのみ、多数決をしていたイメージがあります。するのは生徒会会長を選ぶときくらいでしょうか。

ではどうやって決めるのかというと、話し合いです。7、8割くらい満足できるところまで持っていくのを目指します。当然、時間はかかります。箕面高校では、職員朝礼やショートホームルームを入れるかどうかでも、この方法で同じように進めました。最初にやりませんか？ と話を振ってから2カ月はかかります。

フローとしては、まずはヒアリングをして、各セクションに一回意見を聞いてきてくださいとお願いします。みんなの意見を聞くと、文句も出れば、提案も出てきます。こういうメンバーがこのくらいのことを言っている。それが見えてくると、間を取ってこのくらいでどうだろう？ というラインが見えてくるのです。

落とし所は対話で見つけていく

例えば、最初は「毎日職員朝礼をして、毎朝ショートホームルームをする」という内容で話を始めました。「面倒だ、しんどい、意味が分からない」という声が出てきたので、「週1回だけ職員朝礼をする。ショートホームルームをしたい先生はする。とりあえずそれでやってみませんか」と話すと、文句を言った人もやりたいと言った人も、ちょうど真ん中くらいに落ち着きました。

要は、週1回はちゃんとやってくださいね、ということです。そのことに対しては批判のしようがなく、ほかに対案も出にくい。とりあえずやってみましょうとすると動きやすくなります。「みなさん、他にアイデアがあったらどうぞ言ってください」と言って、出れば取り入れます。なければ「それでは、とりあえずこれでやってみませんか」とします。

まず極論を立てて、自分の狙っているターゲットを仮定する。そこからどこまで自分の意見を振ったらいいのかを考えます。そうすれば振った分、同じ距離まで反論が返ってきます。その距離を何回も繰り返しながら、落としどころを空間的に把握する、という感じです。遠すぎても近すぎてもここはだめですね。それがディベート思考の腕の見せどころです。

繰り返しになりますが、ディベートとディベート思考は違います。もっと言うと、テーゼと（命題）アンチテーゼ（反対命題）があったらジンテーゼ（統合命題）があります。いわゆる垂直線上にどこに存在するかの認識を行う。それが、本来のディベート思考なのです。

対話を重ねる先生たちのマインドセット

今では箕面高校の先生たちも同じことをしています。ブレインストーミングして、いったんは極論をホワイトボードに書くのです。これをすると、例えば保護者との対話のときにも幅が見えてきます。こんな保護者もいればこんな保護者もいる。どこまで言えば落ち着くかなという話になりますよね。するとクレームが減ってくるのです。というのも、先生たちがこうあるべきだと出すものは、保護者にとってのベストではありません。ですが、「こういった場合があることも想定して考えています」と提案すると、少し変わります。「結論として、この辺りが一番良い選択かなと思うのですが、お母さんはどう思いますか」と言うと、「そこまで想定されているんですね」と動きやすくなります。「もし何かありましたらご意見をください」と伝えて、いただいたものを活かせばいいだけの話なのです。

私たちには正解がありません。集団が持つ、みんなが納得できる7割8割を探る。解をみんなで探るプロセスに意味があるのです。淡々と重ねていって、みんながこうやったらうまくいくんだなとか、喧嘩が減るんだなと分かってくると、誰もがそれを真似ようとします。確かに根気はいりますが、逆にいうと3年でこんなに変わってしまうのです。

例えば、3年をかけて「正しさ」と「効率」という名の暴力をつかい、トップダウンをしても何も変わらないでしょう。でも3年かけてこうやって丁寧に積み重ねれば、二度と元に戻ることはない強力な集団になります。こういったマインドセットは、社会をどうしていきたいのかを考えて行動することにつながります。そうすると結果的には暴力が減るのです。私の場合は最初こそ一人でやっていましたが、3年後には先生たちと話しながら、チームでできるようになりました。こういったマインドがついてくると、誰もが自然にチームがつくれるようになるのです。

2年目に向けた生徒たちからのヒアリング

先生と生徒のヒアリングをしながら、何を解決しなければいけないかと考え続けていたのが1年目です。ペルソナのペインがそもそも何なのか。何に困っていて、何を解決すれば生徒たちが喜ぶか。どんな喜びや楽しみがエネルギーになってくれるのかをひたすら考え続けました。それらが満たされれば、あとは勝手に回りだすことを知っていました。それを2年目のテーマにしようと思ったのです。

その間に生徒からも、「困っていることはない？」「何かやりたいことはない？」と同じように話を聞いていました。生徒たちがよく言っていたのが、国際教養科という学科はあるけれど、1回も国際教養科らしいことをしたことがない。先生は国際と言っているけれど、英語も話せない。最低でも英語は話せるようになりたい。ちゃんとコミュニケーションを取れるようになりたい、という話でした。これらは普通科の生徒からも出ていた声なので、じゃあ何とかしようと思いました。こういう声から、2年目に何をするべきかの方向性を徐々に見据えていきました。

この頃になると、生徒たちの自尊心の弱さにも気づくようになりました。だから2年目は全員は無理でも、コアメンバーの生徒だけでも自尊心を強くして、その生徒を中心としてスパイラルで、みんなが巻きこまれるようにゲリラ戦を展開しようと密かに考えていました。そのために1年目はいろんな所で調査をしたり、ヒアリングをしたりとあちこちに出没するようにしていました。

ホワイトボードの導入

学校経営推進費のプレゼンテーション

毎年5月に学校経営推進費という追加予算をかけて、大阪府内の校長がプレゼンテーションを行うコンペティションがあります。着任してすぐでしたが、箕面高校もプレゼンテーションに参加し、このときに７００万円の予算を獲得しました。目的は校内にホワイトボードを入れまくるためです。

塗るとホワイトボードになるというペンキをご存知でしょうか？　これはいいと思ったのですが、少し高価なものでした。そこでアメリカにあるペンキのメーカーに同じものを安価で作ってほしいと頼んだのです。当校を実験台として使ってほしいとお願いしたところ、何回目かでうまくいき、それでホワイトボード14枚分ほど教室の壁を塗りました。他にも大型のホワイトボードを３００万円分くらい入れました。

最初は各クラスに2枚ずつくらい入れようと思っていたのですが、教務職員にも先生たちにも「入れすぎですよ」と反対されました。結局は少し減らし、最終的には36、37台くらい導入しまし

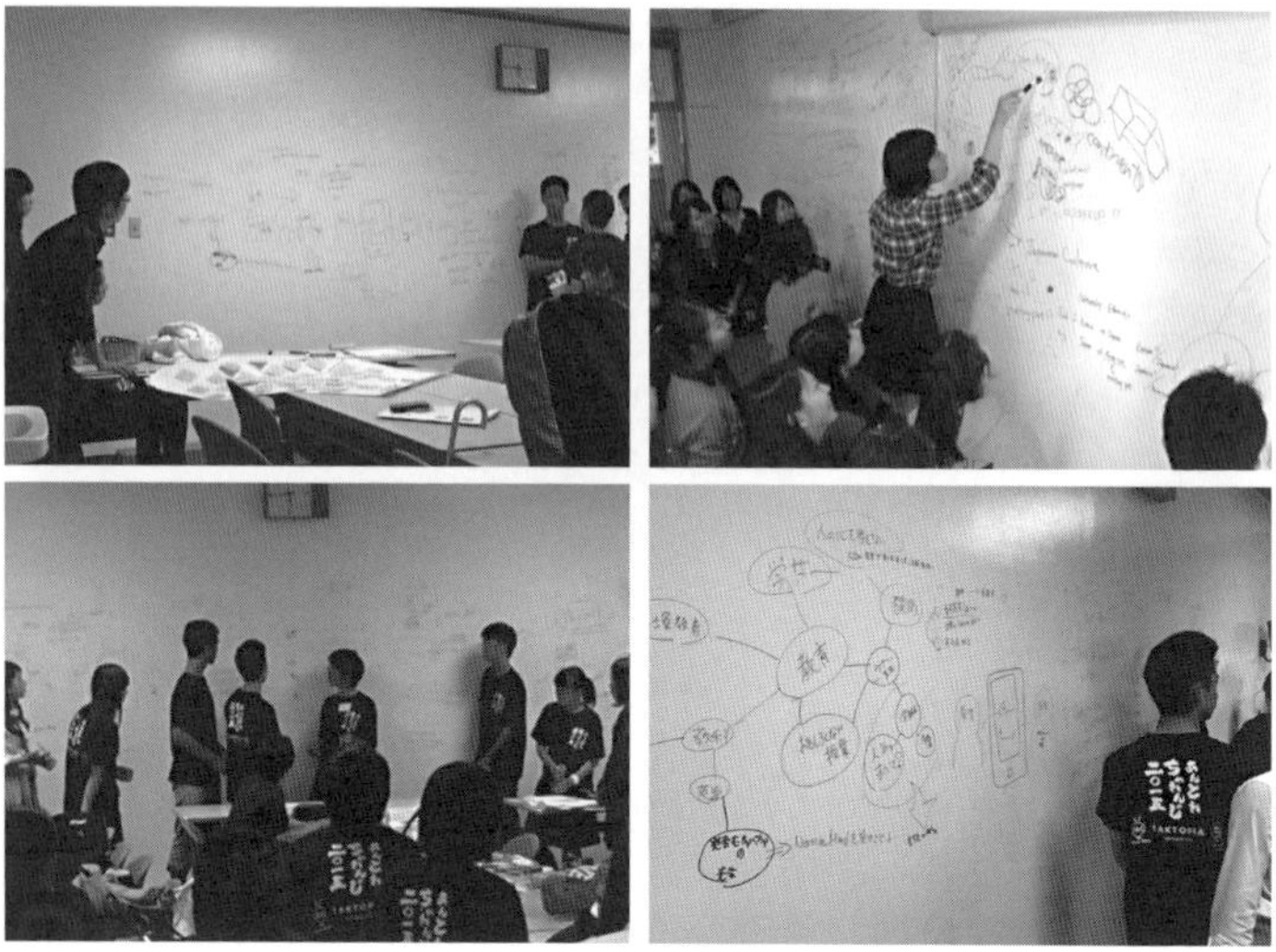

た。それが4年経った頃には、「なんであのときもっと頼んでくれなかったんですか。足りないですよ、校長先生」と言われるようになりました。どの教室でも稼動率はかなり高いと思います。

なぜホワイトボードを入れようと思ったのかというと、発言するのが苦手な日本の子どもたちにホワイトボードを渡して、書かせながら議論させると活発になることがわかったからです。

日本では議論をする練習をしていないので、いきなりではすぐに言葉も出てきません。でもホワイトボードや何かを挟んで話していくと、意外によい議論ができるのです。そこで、教室の壁をホワイトボードで塗ってしまおうと思いついたのです。合わせて生徒たちには、マインドマップやロジックツリーの書き方を教えました。すると生徒たちの発想の幅とスピードの質が上がりました。

先生たち向けのホワイトボードの研修

ホワイトボードに書きながら議論を進める、「ホワイトボード・ミーティング®」という手法があります。それを箕面高校で、教員向けに研修をしていただくことにしました。ホワイトボードの使い方を、まずは先生たちに学んでもらいたかったのです。

その研修には、アイデアのブレインストーミングの仕方、マインドマップの書き方やロジックツリーの書き方、Tチャートの書き方も組み込んでもらいました。また、どうやってオープンマインドに議論をするのか、その初級編として研修内容を構成してもらえるようにお願いしました。このときはまだ着任したばかりで、先生たちと信頼関係もない頃でした。この研修を通して私がどんな人間であるか、どんな哲学をもっているか、少しでも分かるきっかけになればいいなと思っていました。この研修では文化祭での決め方など、先生たちがいつも困っている事を題材にしました。私も現場の先生だったので、どこで揉めるかを知っていたからです。

学校の中には、職員会議の前段階として各学年ごとなど、いろんなチームがあります。そこでの議論の仕方も入れてもらいました。議論の方法はちゃんとあります。打ち合わせをして内容を詰めていきました。議論を書き出す理由は、空中戦では噛み合わないからです。

今は会議をするときには書きながら行うのが、箕面高校での基本になりました。校長、教頭、事務長と首席の幹部会議も書きながらしています。校長室にはホワイトボードが3台入っています。窓を除いた3面がホワイトボードです。本棚などいっぱい置いてあったのですが撤去して、ホワイトボードだらけにしました。

書きながら議論をすると明確になります。ビジュアル化をしないと、距離や空間認識がうまくできません。何が足りて何が足りないといった、計量判断が必要なときもあります。それも空中戦でなく、ホワイトボードをつかった会議だと大体分かるようになります。どちらのメリットが大きくて、どちらが小さいのかも一目瞭然にできます。だからみんな決めるのが早くなるのです。いまは職員室にもたくさんのホワイトボードがあり、よく使われています。

オープンマインドで対等に議論できる関係に

ホワイトボードを導入して、目に見える一番の大きな変化は、先生たちの喧嘩が減ったことです。議論の論点が明確になるので、会議の時間が短くなりました。以前は夜8時まで会議をしていることもありましたが、今ではそういう無駄な会議も減って、意思決定のスピードが早くなりました。こういったホワイトボードを使ったミーティングは、日本では企業対象の研修と思われがちですが、海外では優秀なチームはみんなやっています。ですが、そういったことも根本的に日本とは違います。

日本の企業が研修でやっているマインドマップやロジックツリーと何が違うかというと、そもその哲学が違うと思います。誤解を恐れずにいうと、日本では上司や組織を満足させることが目的だったり、喜ばせる手段としてこれらのツールを使っているケースも多いのではないでしょうか。対して、私たちは完全に対等でフリーにアイデアをとことんまで出し合うために活用します。要は、志がどこにあるのかということです。私たちがしないといけないのは、本当に戦争をなくして平等な社会をつくることです。多様性（ダイバーシティ）を高めて文化的対立（カルチャーコンフリクト）を解消すること。新しいシンギュラリティ（singularity：技術的特異点。人工知能ＡＩが人類の知能を超える転換点。または、それがもたらす世界の変化）が迫ってくるときに、人類しかできないこととはそもそも何なのか？　をみんなで考えることです。まだそれには答えはないのですから、これらのツールはそのための資源の一つだと思います。

ホワイトボードを導入することで、

・とりあえず先生たちに仲良くなってもらおう

・オープンマインドになってもらおう

・「誰が言ったか」ではなく、「何を言ったか」を議論しよう

この3つを目指していました。

要は、議論をするときに、この人が言ったから正しくて、この人が言ったから間違っているというのはナシでいく、ということです。いわゆるスクールカーストが先生たちにできるのを打破する必要がありました。本来教員は対等な関係であるべきです。それを実現するための手段を具体的に入れていくことも、1年目の重要なテーマでした。

第3章

箕面高校2年目のチャレンジ

SETの赴任

2015年、2年目の春。大阪府教育委員会から、骨太の英語力養成事業実施校にハイレベルの英語教育を実施するための Super English Teacher（SET）が配置されました。SETとは原則3年の特定任期付き職員として採用された、英語圏の難関大学院レベルのスキルをもつ公募制の先生です。

箕面高校に来られたSETが、高木草太先生でした。人生の多くの時間を海外で過ごし、学んでこられたという高木先生は、箕面高校のとても大きな戦力になりました。彼と私の相性は極めて良いものでした。というのも、彼も最初から英語の授業をする気がなかったからです。私の説明を聞いて「僕がしたかったのもそうです」と言うのを聞き、さっそく週2回の英語の授業を受け持っていただきました。国際教養科の1、2年生を対象としたTOEFLの形式に対応した授業です。

最初の1学期の間、彼は一切英語を話しませんでした。ひたすら日本語でクリティカルシンキングとロジカルシンキング、Tチャートやノートテイキングといった最も重要なアカデミックスキルとマインドセットとやり取りを生徒たちに教えていました。それを見た瞬間に、任せて大丈夫だと思いました。目指していたマインドセットをしっかりと伝える役割を果たしてくれたのです。

これがその後の箕面高校を大きく変える礎になりました。そこから一気にスピードが加速し、ブーストがかかったのです。それまで一人で戦っていたのが、この年からは２人になりました。高木先生には通常の授業とその他授業のコンサル的な役割をお任せしました。彼は着任最後の年まで、私と共に授業改革を推し進める同志となりました。

見た目は日本人の高木先生ですが、話していると中身は違うなと常々思っていました。生徒たちには「ほら、草太先生に比べて僕の方がはるかに日本人だぞ」と言うのですが、「どっちもどっちです」とよく言われていました。

土曜講座で少しずつ現れてきた成果

土曜講座を受講してきた1年生は、この年に2年生になりました。新たに1年生40名を迎えた土曜講座は、２年目に突入しました。

骨太の英語力養成事業では、「高校卒業時にＴＯＥＦＬのスコアを１００~80点取れるように育てる」とありました。逆算して考えると、土曜講座1期生の生徒たちが2年生の夏までにＴＯＥＦＬで40は取れていないといけない計算になります。これはセンターでいうと8割のスコアです。となると、マインドセットをしてからはどんどん単語力を増やしていかなければいけません。

2年生対象の授業では前半から、全体指導を新たに入れ始めました。すると後半くらいから40

点を超える生徒がちらほら出てくるようになりました。そうなると、周りから「あの子みたいになりたい」という生徒が出てくるようになり、TOEFLのスコアがさらに上がってきました。ここから「これはもしかすると海外の大学に行けるんじゃないのか？」という空気に変わり、一気に盛り上がり始めたのです。

まさに、この流れに比例するようにTOEFLのスコアも40〜60まで伸びていました。中には68くらいの子もいました。この頃の土曜講座では、すでにベルリッツには外れてもらっていました。これも1年目の後半から徐々に変わってきた結果です。というのも、ベルリッツの方から先生たちがしっかりと学びとり、そのスキルを自分のものにしていったからです。SETの高木先生の参加も、大きな後押しとなりました。最初の1年で、粘り強くあきらめずにコミュニケーションをし、マインドセットを行った成果が現れてきたのです。

最大の転機は、着任2年目の夏に開催した2週間のボストン短期留学だと思います。このときに数名の先生が随伴しました。翌年の冬にはハーバード大学の学生を招いて箕面高校で3日間の冬季キャンプを開催しました。参加したいという有志の先生たちを巻き込みつつ、一緒にインタラクティブに作り上げました。

こういった取り組みを重ねていく中で、徐々に箕面高校の先生たちは、世界基準のファシリテーションの本質を理解していきました。やり方さえ分かれば、日本の先生は能力が高いのです。ファシリテーションの本質が分かってきた先生たちが中心となって、チームでファシリテーションのサポートの仕方を覚えて実践し始めました。見ていると、生徒の目がキラキラしていくのがわかりました。そうして最終的にはベルリッツの方に「もう大丈夫ですよ」と伝え、手放していただく形になりました。

最初でこそ石のように固まっていた先生と生徒たちでしたが、気づけばマインドセットをベースにチームでの問題解決ワークや、プレゼンテーションが徐々にできるようになり、英語での発表もこなせるようになっていきました。

職員室の大改装と会議の公開

5月は、学校経営推進費のプレゼンテーションの時期です。前年にホワイトボードを導入した箕面高校ですが、この年も学校推進費の獲得へと動きました。とはいうものの、通説として20年に1回、短くても10年に1回しか取れないといわれていました。

予算が取れるのは20校前後。府内にある高校は約350校です。順番で考えると10年に1回の計算になるのです。ですが、この年も幸運なことにプレゼンテーションに勝ち、学校経営推進費の予算を獲得することができました。私は、帰国子女に囲まれて育ったため、一般的な日本人よりは少しだけプレゼンがうまいのかもしれません。特に5分間や3分間のショートプレゼンテーションは、数多くこなしてきたこともあり、一般的な日本人の方々と比べると、少し違ったプレゼンをするのかもしれません。

この年、私は職員室の設置を目指していました。それも、席を固定するのではなく、どこに座ってもよいというフリーアドレスの職員室をつくりたかったのです。箕面高校には、教科準備室という名前の部屋はありましたが、職員室がありませんでした。これは高校においては特に珍しいことではありません。ですが、そのために先生たちはバラバラに噂話をしては疑心暗鬼に陥っていた部分があります。これも多くの学校で見られる風景なのかもしれません。

1年目より先生方とのヒアリングの中で、学年の職員室ないしは、みんなが集まれる職員室が欲しいという要望がいくつか出てきました。決められた席や机は心の壁になります。特に先生たちは、教材を使って壁を作りたがる傾向があります。ならば席を固定しない、フリーアドレスでやりましょうということになりました。獲得した予算はその什器代にして、職員室の大改装と、ICT機器がほとんどなかったのでプロジェクターを何台か入れることにしたのです。

職員室は夏休み中に工事をして、9月からの稼働としました。校舎に一室、稼働率の低い会議室があったので、そこを常駐の職員室に変えて、この機会に職員会議を「全公開型」に切り替えようと考えました。先生たちは各学年ごとに会議をしては、「あの学年は……」という感じで、お互いに非難し合いがちだったからです。そこで、全ての会議を公開しようと思いました。

どこの学校にも幹部会議というものがあります。いわゆる各セクションのリーダーが集まって調整をする会議です。通常は、校長室や応接間などで行うため、まるで御簾《みす》の向こうでやっているかのような、秘密会議に見えます。そういった会議も全て公開することにしました。

このときから箕面高校での会議は、席を決めない自由なフリーアドレスの職員室の一角で、誰が聞いてもいいという状態で行うようになりました。1年目の先生だろうが、ベテランの先生であろうが、その場にいる人は誰が聞いてもいい。人事とお金関連以外は全て公開です。その場で意見を言ってもよしです。要は、全部筒抜けにしたのです。すると疑心暗鬼は減り、非難することは少なくなるでしょう。それが本当の狙いでした。1~3年生の学年会議、教務や進路の会議も、全て公開です。こっそりするのは禁止です。

それでも当初は一部の先生たちから「この会議は教科準備室でしたい」という声が、ちらほらと上がりました。それも「会議は公開の原則ですよね」と丁重に却下しました。誰が聞いてもいいはずですよ、と伝えると「管理職には聞かれたくないこともあるんですよ」と言うのです。

「それはおかしいですね。では、逆の立場で同じことをやるとどうでしょうか。運営委員会をあなただけ聞いてはだめですよ、とやっていいですか」と伝えました。すると「それは困ります」と言います。「私もそうですよ。なぜ聞かれてはだめなんでしょうか。仲間じゃないですか。まさか民主主義に反することはしませんよね」とお願いしました。そんな風に一つひとつ、丁寧に対話を重ねて対応していきました。

先生たちの反発と対話

そうして進めていたプロジェクトですが、ある一部の先生たちは、フリーアドレスの職員室とは何のことなのか、分かっていなかったようでした。最終的に図面を見始めた段階で「こんなことで大丈夫なのか」と聞かれて、ああ、聞いていなかったのだなと思いました。何度も話していたのですが、基本的に人は人の話をあまり聞いていないものです。「職員室はどこに座ってもいいという、フリーアドレスです」と話すと、一部の先生たちに大反発されました。

私は何ごともトップダウンではなく、「みなさんの意見からこういうアイデアが出てきました。こういう絵を描いてみようと思うのですが、みなさんいいですか？」から必ず始めています。最初はよく分かっていないこともあって、そのまま進んでいく雰囲気でしたが、徐々に自分のテリトリーが侵されると思った人から、反発の声が上がるようになったわけです。でもあのときに先生は何も言わなかったのですから、今頃言うのはおかしいですよ、と丁寧に伝えていきました。

サイレントマジョリティはある一定数で存在します。学校でも会社でもそうでしょう。言えないことを飲み屋で言うこともそうです。箕面高校では言えないことを飲み屋で言うのは禁止です。それは絶対に、職場の公開の場で言わなければだめです、と私はいつも話していました。実のところ、大反発といいながらも大きな声を出している人は少数なのです。

そうやって反対の声を上げる先生たちに対しても、常にきちんと話の筋を通し、連絡もしていた私は、そのときに言わなかった人が悪いですよね、と伝えました。それでも反発を続ける先生には「生徒にそれを言えますか？　それは恥ずかしいことではないでしょうか」と伝えると、黙りこむといった場面もありました。そういった対話を重ねながら、職員室の稼働を目指して一歩ずつ進めていきました。

２年目のテーマは安心とチャレンジ

根気強く対話を重ねていった結果、翌年の春になってようやくフリーアドレスの職員室がオープンしました。でも、最初はほとんどの先生が来ませんでした。私は、誰が校長に尻尾を振ったかどうかを、お互いにチェックをしているのだろうと思いました。そこである日、首席の先生を呼びました。

「私はあと1、2年でいなくなる。君もやりたいと言っていたからには、先生たちを連れてきてください。この程度の反発に耐えられないのなら、首席はやめた方がいい。生徒のためにと言うなら、今ここで学校を変えないといけないんじゃないのか」と話したのです。すると、その先生が少しずつ若い先生を何人か呼んできました。そこから徐々に、ベテランの先生たちも職員室に集まってくるようになりました。職員65名の内、大体40人ほどは授業に入っているので、定常で5、6人は職員室にいるようになりました。放課後になるとさらに集まり、簡単な打ち合わせから、大切な会議などもそこで行われるようになりました。話しづらいだろうと思ったからです。

先生たちが行う会議は、逆に私は聞かないようにしました。そのあたりは教頭先生にお任せしました。その結果、何が起こったかというと、秘密の会議がなくなったことで先生たちが安心するようになったのです。精神的なプレッシャーや、誰かが見えない圧力で追い詰められるようなことが一切なくなり、先生たちが自然に仲良くなってきました。こういうことは生徒もよく見ています。ちゃんと仲良くやっているんだな、という雰囲気が学校全体に広がりました。

すると、さらに先生たちが安心してチャレンジができるようになっていきました。要は文句を言わなくなってきたのです。今までなら「チャレンジしましょう」と話すと、調子に乗るな！と潰されていた雰囲気が一切なくなりました。すると、生徒たちも一緒にチャレンジを始めるようになりました。職員室と会議の改革は、「安心とチャレンジ」という大きな一歩を踏み出すきっかけになったのです。

校内を歩きながらしていたこと

私が着任してからずっとしていたことは、校内をなるべく動き回ること、うろうろすることでした。特に掃除をよくしていました。学校はきれいでないと、いろいろ問題が起きやすくなります。それに掃除をしていると、授業を見ていても怪しまれないので一石二鳥でした。というのも校長が来ると、先生たちは見構えてしまいます。

もちろん、目的は先生の監視ではありません。先生や生徒の様子を、自分の目と耳でキャッチするためでした。特に廊下掃除はずっとしていました。「遠いな、全然終わらないなぁ」という感じです。以前の箕面高校は、生徒全体の遅刻が1年に７００件近くある学校でした。チャイムが鳴っても騒いでいる生徒もいましたし、先生が生徒が聞いていない中で授業をしている姿も見かけました。掃除をしながらそういうことがわかってくると、学校全体で何に取り組んだらいいのかも見えてきます。

遅刻に関しては、入学式後の保護者集会といった様々な機会を通じて、遅刻は家庭の責任であることを伝えていきました。家庭内では子どもの起床後からの声掛けが大切であること、なぜいけないのかを理解させることについても話しました。生活指導の先生方から根気強く働きかけをしていただいたこともあり、1限開始直前の8時半頃に、たくさんの生徒たちが校門付近を通過していたのが、3年後にはほとんどなくなりました。遅刻も半分に減り、授業を聞いていない生徒も少しずつ減っていきました。どうしても成績のことばかりに目が行きがちですが、こういうことも学校経営においてはとても大切なことだと思います。

元・グーグルの村上憲郎さんが箕面高校に来校

2年目の秋にタイミングよく、TOEFLの対策指導に関する研究会（TOEFLアライアンス）を箕面高校で開催することになりました。せっかく箕面高校でやるんだったらと、元・グーグル米国本社副社長兼、日本法人社長を務められた村上憲郎さんにお声がけすることになりました。村上さんは、その著書に『村上式シンプル英語勉強法』や『一生食べられる働き方』など、教育の世界にもとても理解がある方でしたので、思い切って連絡を取りました。緊張していた私を横目にとても気さくに対応していただき、今でも何度も一緒に登壇していただいています。このTOEFLアライアンスでは、なんと箕面高校の体育館に来てもらえることになったのです。私はあえて、生徒も先生も自由参加の形式にしました。

通常であれば、1人5万円は払うべき講演だと私は思います。それをあえて無料で受けられるようにしたのです。それでも参加した教員は65人中20人足らずでした。保護者にも生徒にも声をかけたところ、約1200人の生徒の中で来たのが約150人。平日開催だったこともあり、保護者は50人くらいの参加でした。そして、ベンチャー企業の社長が100人ほど来場するという結果になりました。箕面高校主催ということで、私がOKにしたのです。

個人的には市場調査とマーケティングも兼ねていました。正直にいうと、これほどのVIPが来てもこれくらいなのかと思いました。もし、アメリカで村上さんが来るとなれば、おそらく

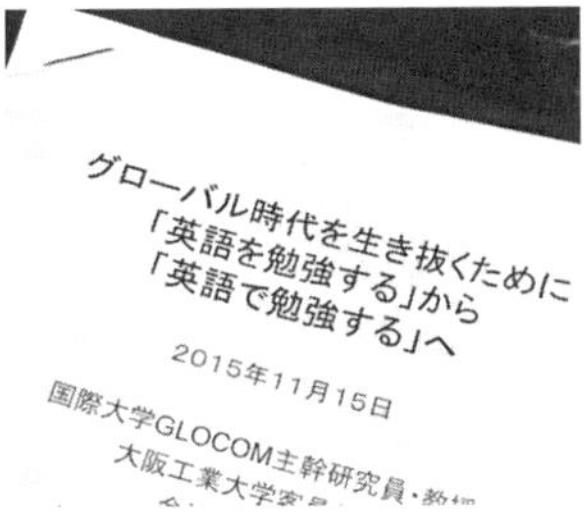

TOEFLアライアンス年次総会２日目の午後、Google 元副社長兼 Google Japan 元社長・名誉会長の村上憲郎氏が来校。講演の内容が極めて興味深かったことから、１時間を経っても質疑応答に多くの挙手が上がり、会終了後も１時間近く予定オーバーの応対となった。

２０００人くらいは軽く集まるでしょう。「日本のグローバル化ってこんなもんですよね」と言うと、村上さんは笑っておられました。

当日は、村上さんに1時間話してもらう予定だったのですが、35分ほど経ったところで生徒が眠りだしました。これはまずい、と思った私は急きょ、「村上さん、ごめんなさい。話が難しくて分からないので、一旦止めていいですか」と割って入ったのです。これは信頼関係がないと絶対にできません。「会場とのインタラクティブなやりとりの方が村上さんも好きでしょう？　質問大会をしましょう」と提案しました。「いいよ、いいよ」と言っていただき、そこから始まった質問大会は、結果的に2時間の時間オーバーとなりました。とにかく面白くて止まらなくなってしまったのです。

村上さんは頭の回転が素晴らしく早いだけでなく、質問を返すのが実に上手な方です。「グローバル人材とはそもそも何か」に始まり、せっかくだから村上さんに好きなことを聞こう！と盛り上がりました。生徒たちもノリノリで、大喜びでした。

この日の講演会は無事に終了し、その後、私はＭＩＴのアントレプレナーシップ・センターのディレクターをしているアンドリューと村上さんとタクトピアの共同創業者の白川寧々さん、長井悠さんの５名で登壇する機会をつくりました。

日本では、講演会の質疑応答で質問の長い人がいます。そこで、私は質問する人も答える人も30秒以内というファシリテーションをしました。

すると参加していた箕面高校の生徒から、「どういう会社に就職したらいいですか?」という質問が投げかけられました。村上さんの答えは一言、「ママの知っている会社では働くな！」です。これは、経済学的な話をすると「金のなる木はどれか⁉」の話です。

いま知っている有名な会社は、ピークアウトします。１９５０年代に製鉄で働いていた人たちはいまどうなっているのか。１９６０年代に重工業系に携わっていた人たちはどうなっているかは、皆さんご存じのとおりです。社会の流れを知った上で、次に来るところにどうやっていくのか。ならば、お母さんが知っている会社はやめましょうと言っているのです。村上さんの一問一答は、その場にいる全員にとって大きな価値をもつ、とても貴重な時間でした。

問題解決の思考を学ぶ、日本初の短期留学

海外留学をめぐる先生たちとの対話

着任1年目に箕面高校で開催した短期留学は、ニュージーランド2週間ホームステイで60万円のプログラムでした。前年からの引き継ぎとしての実施でしたが、率直な感想として内容は散々なものだと思いました。単に現地に行ってホームステイをして、英語を話す機会を得て終わりです。こういう研修は日本でもできるので必要ありません、と私は伝えました。ここでも当時の先生たちの何人かが反発しました。

そこで私は「先生たちは2週間で英語が話せるようになりますか？」と問いました。もし体験が大事だというのであれば、もっと最高のものを持っていきましょう、と話しました。「それには何があるんですか」と聞かれたので、「ハーバード大学かMITかスタンフォード大学で『英語を学ぶ』のではなく、『英語で学ぶ』ことが大事だと思います」と言うと、その場がシーンとなってしまいました。

最初は、そんなことができるんですかという雰囲気でした。「私の人脈やそれをコネクトしてく

れる方々がいます」と言うと、みんな黙ってしまいました。一つひとつこういった対話を重ねながら、よりよい短期留学プログラムに向けての改革は少しずつ進んでいきました。

タクトピアとの出会い

少し遡りますが、2014年のTOEFLアライアンスに招かれていた私は、短いスピーチで登壇しました。TOEFL指導をしている学校の先生や、塾の先生を対象にした勉強会で、原則は学校の先生です。そこではマインドセットをどうするか、といった話をさせていただきました。その集まりに、タクトピアという会社の代表である長井悠さんと共同創業者で北米代表の白川寧々さんが招かれていました。タクトピアは、世界のトップクラスの大学や大学生と協働して行う国内外のプロジェクト型研修や、21世紀型英語スキルの育成プログラムを、学校法人と教育関係機関向けに提供している会社です。

白川寧々さんはMIT出身で、とにかく頭が良くて切れ味の鋭い、素晴らしくパワフルで21世紀を担う女性である、と初対面で強く感じたのを覚えています。面白いことに彼女が登壇すると、彼女に恐れをなした人たちがどんどん後ろの席に下がっていくのです。気がつくと私だけが一番前に座り、その後ろの3列くらいがポッカリと空いている状態になってしまいました。それでも私は一番前で、ずっと頷きながら聞いていました。登壇後の彼女と話をするうちに、海外留学のプログラムもつくりたいと言うのを聞いて、ぜひ一緒に作りましょう！　とその場で盛り上がったのです。これが箕面高校のボストン留学プログラム誕生のきっかけになりました。

MITアントレプレナーシップ・センターへのオファー

日本の高校生の短期留学を見ていると、体験や楽しさ重視で行なっているものも少なくありません。これでは本当に海外に行ったときに大変なことになります。地獄のようなエッセイ大会とプレゼン大会が始まるからです。短期留学の「楽しかった」という経験値で長期留学にいってしまうと、実際は楽しくもなんともない。私は短期留学での語学学習は、日本でもできるので意味が全くないと思っています。

タクトピアとの最初の打ち合わせで、タフツ大学のレゴ®マインドストーム®が提案されました。でも同大学に友人がいるので、他のアイデアはないだろうか、と打ち返しました。すると、メディアラボはどうだろうか、と提案されました。悪くないけれど少し古いかなと思いました。そこで「MITのアントレプレナーシップ・センターが好きなんですよ」と話しました。といっても、アントレプレナー（起業家）を作りたいわけではありません。自分で社会課題を積極的に解決する人材になるためのアントレプレナーシップ（起業家精神）を身につけてほしい、というのが私の信念の一つです。極論を言えば、課題に対して、自ら行動を起こさず、批判や評論をする、いわゆる「2ちゃんねらー」にはなってほしくない、と考えています。日本の組織を見ていると、社会問題を自分から積極的に解決しようとはしていないように見えます。少なくとも生徒たちには、問題解決を自分でできるようになってほしい、といつも思っていたのです。

そこで、アントレプレナーシップ（起業精神）をメインにした高校生向けの短期留学をつくれないだろうか、と相談しました。社会問題を積極的に解決する人物であれば誰でもいい。何とか繋いでほしいとお願いしたところ、本当に繋いでくれたのです。

箕面高校のボストン短期留学が、MITアントレプレナーシップ・センターの協力を得てスタートできたのは、タクトピアのおかげです。こういった彼らの人脈と行動力は、日本では最高峰だと思います。そこからさらに話し合いながら、2週間の短期留学プログラムを完成させました。

日本初・アントレプレナーシップ（起業家精神）ボストン短期留学

2015年の夏休みに「ボストン・グローバル・アントレプレナーシップ育成プログラム」と銘打った、ボストン夏季留学を初めて開催しました。この年には、28名の生徒たちが参加しました。MITと箕面高校の初の提携による、2週間の短期留学です。7月27日に渡米、8月8日に帰国する60万円のプログラムでした。

このときはアウトフレームだけを決めてその場その場の即興で内容を変えていった年です。やりながら軌道修正を重ねて、毎日進化させていきました。フレームワークだけ戦略ベースで考えておいて、あとはその場の空気でジャズのように変えました。そうでないと生徒たちも持たないと思ったからです。最初はユースホステルを利用していましたが、2年目からは治安と夕方からのフィードバックをしやすい環境を考慮し、タフツ大学の寮を借りるようにしました。

午前中は英語で一流の起業家たちの講演を聞いて、午後はワークショップをする。事前に決まっていたのはこれくらいです。生徒たちには、「その場で聞いて質問をするのは絶対に無理だから、質問内容の定型文を作っておいて、手を挙げてそれを読みなさい」と言いました。すぐに質問できるようにと、それだけは準備をさせるようにしました。参加した28人の生徒たちは、全員が土曜講座の参加者というわけではありません。普通科の生徒たちも半分はいました。実際の英語の学力はどうだったかというと、おそらく英検準2級が精いっぱいだったと思います。中には、英検3級を持っていない子も多くついてきました。でも「パッションで行くんだよ。英語は全部こっちでサポートする。本当に世界を変えたいと思っているなら来なさい」と伝えました。

説明会でも、行くと決めた生徒のご両親には「これはアントレプレナーシップ研修です。正直、日本で初めてです。答えがないからフィードバックが欲しい。家に帰ってきたお子さんが何かを言ったら、すぐに私たちにフィードバックをください」と言いました。すぐに変えていきますし、事後のサポートも私たちが入れます、とも伝えました。

全員がチームです。あの研修はどうだったと、あとでごちゃごちゃ言うのではなくて、投資だと思ってください。もし何かしらを言うのだったら、来年度に向けて新しいプログラムの改定案を出してください、とお願いしました。このあり方に共感ができないのであれば来なくていいです、とも伝えていました。要は、ＭＩＴへ連れていくからには、それくらいハードになりますよ、ということを理解していただく必要があったのです。

1年目にボストンへ行った28人は、全員なにかしらユニークで、とにかく面白いメンバーばかりでした。

このときは、わざと2週間の間に休みを入れませんでした。2週間ぶっ続けで超ハードにしようという狙いがあったからです。

朝6時半に起きて、7時に朝食。7時半には出発というのが一日の始まりです。アントレプレナーシップ・センターへ行って、ランチはＭＩＴのランチトレーを食べて、午後はワークショップ。1年目の宿泊はユースホステルだったので、そのフリースペースを使ってみんなで議論をしました。明日はどうするかを話し合うのです。寝るのは11時か12時です。みんなヘロヘロになっていきました。

朝は講演者が来る1時間前に、エレベーターピッチをします。何をするかというと、30秒で昨日の学びを英語で話すのです。エレベーターピッチは構文が決まっているので、それに当てはめて自分で作ります。その文章を練習した後に、講演者が来たら直接聞いてもらうのです。要するに、毎日毎日プレゼンをしなければいけないということです。それも全員、毎日やりました。単に読むのではなく台本はなし。基本はアドリブです。

生徒たちはよく泣いていましたね。「終わらない、先生どうしよう」「自分で決めたんじゃないのか」と話したりもしました。そのかわり、昼間のワークショップはわざと緩くしていました、そこでは疲れきって寝ている子もいましたが、「いま振り返れば、楽しかったです」と生徒たちは言ってくれていました。

みんな頭がパンパンになってしまい、「先生、一生懸命に聞こうとするんだけど、そうすると頭がパンクする」と話していました。けれど2週間経つと、半分くらいは分かるようになっていくのです。集中して聞いているからだと思います。こういった話をするとベースがあったからではないですか？　と言われるのですが、決してそうではありません。帰国子女は1人いたか、いないかという感じで、実際は英検3級を持っていない子たちが多かったのです。

ワークショップの中では当然もめる場面もあり、エネルギーダウンもします。それを立て直すための工夫もいろいろ必要です。一番気にかけていたこと、大事にしていたのはエネルギーです。場の雰囲気のエネルギーが下がりだしたら、もうワークショップは終わり。もう帰ろう！　と言いました。「帰って今日はビリヤードしていいよ」としました。本当は自分たちでコントロールできるようになってほしいのですが、最初からはできません。こちらが無理だなと思ったら休憩。明日にしようと言いました。

タクトピアのスタッフからは「先生、それでいいんですか？」と聞かれましたが「いいよ、いいよ」と答えました。パワーのないワークショップをやっても意味がありません。そのために、生徒たちにも体調を合わせること、どうやってエネルギッシュな状態を担保するか、自分たちでやりなさいと言いました。じゃなかったら切るからね、と。エネルギーがない状態でやっても価値がないだろうということです。

生徒たちには勝手な校長だと思われていたかもしれません。そんな風に勝手に終わらせていましたからね。でも、感性は子どもたちの方が鋭いのです。最後の方になると、自分たちで立て直さなきゃと言い出しました。生徒によっては大声を出して走り回ったり、音楽をつけようといった提案をする子もいました。そうやって、場をセッティングしてくれる生徒たちがどんどん出てくるようになりました。

ボストンのクレイジーで魅力的な起業家たち

アントレプレナーシップのプログラムでは、ボストン界隈の最強の起業家たちにボランティアで集まってもらいました。3Dプリンターを作った人やホームスクーリングしかしたことのない人、要は学校に行ったことのないままハーバード大学に行った人もいました。その人はホームスクーリング用の教育ソフトを作っていました。また、レゴでプログラミングをするレゴ®マインドストーム®の開発者メンバーもいました。その中には年間900社のベンチャー企業を生み出

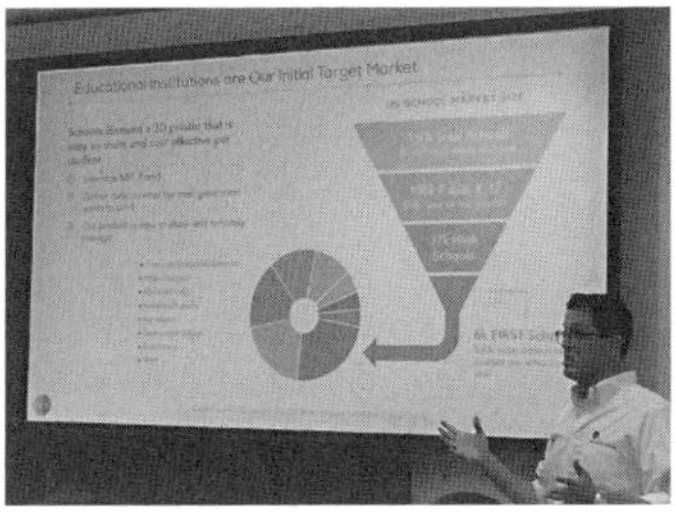

世界最前線の経営者による講演の数々。世界最高峰の３Ｄプリンターをつくる CEO AJ Perez 氏も登壇。MIT アントレプレナーシップ・センター所長 Mr. Bill Aulet は講義の後、「日本人に何度か講演会をしたが、初めて質問がきて、日本人の印象が変わった」と語った。

す、アントレプレナーシップ・センター所長のビル・オーレット氏の特別講義も含まれていました。

とにかく彼らのクレイジーな話、ハードな話を聞きまくることにしたのです。実際に話を聞いた後、生徒たちは彼らに「なぜみんなこんなに頭がいいの？」と聞きます。すると「いや、頭がいいんじゃない。俺たちは世界で一番しつこいんだ。絶対にやめないんだ。何回ぶっ倒れても最後までやるんだ」と言うわけです。そういうやりとり全てが私はとても嬉しかったです。

ハーバード大学からバスで20分ほど行ったところに、環境系のベンチャーが集まったグリーンタウン・ラボという施設があります。インキュベーションオフィスといって、つぶれたスーパーをリノベーションしてラボなどとして活用する、再建事業の一つです。

日本人はまず行かないだろうと思ったので、私たちは1年目に訪問することにしました。「中を見せてほしいのですが」とお願いすると、「だめです。でもイベントスペースだけならいいですよ。説明はします」と言われました。オフィスの女性に説明をしてもらいながら、生徒たちがバンバン手を挙げて、次々に質問していました。

そこに口のまわりにミートソースをつけた奇妙な男性がやって来たのです。白いスーツを赤く汚しながら「どこから来たんだ。中国だろう」と話しかけてきたので、私は「ジャパニーズです」と答えました。

「本当か、日本人はこんな所に来ないだろう。あんなに手を挙げてどうしたんだ。インターナショナルスクールなのか」

「普通のパブリックスクールです」

「そんなことがありえるのか」と盛り上がっていたら、「中を見せてあげるよ」とその男性が言うのです。

「でも、さっきあの人がだめだと言っていましたよ」と言うと、「いいよ。俺が責任者だから」と言いました。その方が、グリーンタウン・ラボの責任者だったのです。

彼は「これを最近つくったんだ」と大きな青い数珠のようなものを見せてくれました。

「これは何ですか」と聞くと、

「電気を使わなくても冷える触媒をつくったんだ。半永久的に冷えるんだよ。インド人で酪農している友人がいるのだけど、冷蔵庫もない、電気もない。すぐ牛乳が腐って困っていると言われたからつくったんだ」と言いました。

これがどれほどすごいことなのか、容易に想像がつくと思います。

奥を見ると、バックヤードにプロトタイプの潰れたものが山のようにありました。「あれは何ですか?」と聞くと、「俺の勇気の証だ」とのこと。ここでは、失敗作が勇気の証なのです。

この人は一体なんだろう、という感じで、生徒たちはとても楽しそうに話していました。グリーンタウン・ラボの責任者は、まるで子どものように楽しそうに話す人でした。「いいよ、さわってみろ。ほら、冷えているだろう。５年かけてつくったんだ」と話していました。資源問題も全部解消して、アメリカで飛ぶように売れているといいます。商業ベースに乗せる仕組みがまだ追いついていない、と言って笑っていました。人を助けたいという心が世界を変える、その実例ともいえる方でした。

午後はボストン界隈の大学をめぐります。ＭＩＴアントレプレナーシップ・センターには、「24ステップ」という誰でも社会問題の解決ができるようになるメソッドがあります。日本では『ビジネス・クリエーション！』(Bill Aulet 著、月沢李歌子訳／ダイヤモンド社)という書籍が出ています。

これは数十年間のビッグデータを元に構築されている、最高峰の起業教育なのです。

短期留学のプログラムでは、３カ月で行う24ステップの内容を、２週間で６ステップと濃密なものにし、日本の高校生でもできるようにダウングレードして、使う言葉は日本語でもよしとし

ハーバード大にて、ジョン・ハーバードの銅像の前で記念撮影。数々の起業家たちから講義を受けた生徒たちは、学んだことを英語のピッチプレゼンテーションで彼らに直接伝えた。

ました。そしてクリティカルシンキングとロジカルシンキングを教えて、マインドセットをしながらチームをつくるのです。

最終的にはお金儲けするためではないビジネスデザインができる人間になるのが目的です。とはいえ社会モデルを解決するためには、まずお金は絶対必要です。私はボランティアはあまり好きではありません。海外の国でボランティアをしている人たちがいますが、現地の人たちは仕事がなくなるので来ないでほしい言う人もいます。こういうことを含めて解決するには、お金を回すことができないといけない、ということも教えています。

スタンフォード大学とＭＩＴとハーバード大学でつくった映像授業・ＭＯＯＣｓ（Massive Open Online Courses の略。大規模な公開オンライン講座）をご存知でしょうか。これは無料で見られるのですが、この事業をつくった方とも共に過ごしました。シンガポール出身の方ですが、とてもいい方です。「君たちは面白い。英語はちょっと下手だけど、そのマインドと根性があれば絶対に世界を変えられるし、アメリカのビジネスコンテストに出たら、多分3位くらいになれるよ」そう褒められた子どもは、偉大な勘違いをするでしょう。結果、その生徒は帰国後、慶応のビジネスコンテストに出て勝ってしまったのです。

ボストンでの2週間は、とにかく全てが濃厚でした。みんな写真では笑っていますが、夜な夜なアイデアが出ず、自分のふがいなさに泣いている生徒もいました。時には「これくらいで勝てると思わない方がいい」といった厳しい話もしました。ハーバード大学やMITでプレゼンするとなると、ある程度のレベルがどうしても求められるからです。でも、仮に学校の成績が悪かったとしても、トライし続けることで、社会を変えられることが少しでも分かっていたら、何が起こるでしょうか。日本の大学受験ではダメだったとしても、海外の大学に行くことができる子になるのです。

生徒を知るほど進化していったプログラム

私自身、最初の頃は日本の生徒が何ができないのかをまだわかっていない部分が多かったと思います。わからないものはどうやってもわからないものです。

例えばチームをつくって問題解決をしなさいといったときに、このチームではできない、という事態も起こります。私ならそういうときはすぐに解散します。違うチームをつくろうぜ、という感じでチームを変えてしまうのです。それが私の感覚であり、海外でのチームビルディングの基本だと思っていました。ところが、日本の生徒たちは仲良くしなさいと教育されています。それだけでは、何のために、誰のために、何をするのかがよくわかりません。何の根拠もなく仲良くなることは、同調圧力に負けることかもしれません。意見をちゃんと言い合って、腹を割って話して、「これは解散したほうがいいよね」と言ったらいいのです。でも、生徒たちはチームを解散することは人間として良くないというのです。おかしな話です。

今からチームで問題解決しようというときに、このチームではできないと気づいたなら、変えた方がいいに決まっています。そこに「手を繋ぎましょう」的な考えは必要でしょうか。本当は繋ぎたくないのに、です。そんな風に研修をやっている間で、「ああ、こういう反応をするんだなあ」とか、「こんな感覚でいるんだなあ」という発見がいろいろとあり、同じ話をしていても、おそらく伝わっていないんだなということもわかりました。

先ほどの例でいうと「なぜ、君たちはこのままやろうとするの？　解散したほうがいいんじゃないか」と言うと、生徒たちはとても冷たい目で私を見るのです。そんなことをしていいの？　仲良くしなきゃいけないいんじゃないの？　という感じです。私は何をいっているんだろうと思うわけです。「いま問題解決しようとしていて、このチームでは嫌なんでしょう?」と言うと、「どうしてそんなひどいことというんですか?」と言われます。私からすると、いやいや、ひどいことではなく、自分たちで言っていたよ、と思うのです。こうなると生徒たちが、まるで年配者のように見えてきます。となると、こちらの方が明らかに子どものようになっていくのです。

「幼稚園のときに、みんなで遊ぼうといったとき、もしこの子といま遊びたくなかったら、放っておいて違うところへ行くでしょう？　遊びたくないと思っているんだったら、そっとしてあげたらいい」と言いました。それでも生徒たちには「冷たい」と言われました。

「でも君たちも一人になりたいときってあるだろう？　冷たいっていうけど、無理やり一緒にさせるほうが冷たくないのかな？」と返しました。嫌だって言っているのだよ、と。

ここまでくると、頭の固い先生のような生徒と、一生懸命にがんばっている子どものような私との対話になってきます。こういうときには、とことん一緒に話をします。何回も何回も何回も。お互いが納得できるところまで議論します。

じゃあどうしたらいい？　なんでそう思うの？　根拠は？　といっぱい聞き出します。こうしたい、ああしたいと話す中で、少しずつお互いがわかってくるのです。コントロールなんて絶対しません。未来に賢くなるかもしれない人に、そんなコントロールしたら後でやりかえされます。私のようなバカな人にコントロールされたら、ますますバカな人になるでしょう。そういう連鎖をつくってても仕方がない。そう思うのです。

こういった経験を重ねながら、ＭＩＴ研修は回を重ねるごとに素晴らしいものとなりました。生徒たちは、明け方まで議論して議論して、できない、できないと泣きながら取り組みました。夜中の2時くらいに「先生来てください」「先生、ちょっとみてください」と言われることもありました。時間も時間でしたが、「プレゼンでいいものをつくりたい」と言うのです。

学校の勉強で、みんなここまで集中できるでしょうか？　誰かにやれと言われてやっているのではありません。自分からやりたいというのです。すごくいい環境だと思いませんか？

日本からこの留学を見学に来ていた、塾や企業といった幾つかのチームから「うちでもやってほしい」と言われるほどでした。全力で打ち込む分、もちろんサポートはとても大事です。メンタルのサポートも毎年大変です。風邪をひく子、気分が沈み込んでしまう子、毎年いろいろいます。時には、私自身がカウンセラーのような役割をするときもありました。期間中は看護師同行のもと、生徒たちが心も体も万全に過ごせるように、全力を尽くしました。

3回のボストン留学の過程と変化

２０１５年に開催した初めてのアントレプレナーシップ・プログラムは、生徒40人の定員に対して、28人しか集まりませんでした。というのも、内容がぶっ飛びすぎていて、保護者の方にこのプログラムの魅力を十分に理解していただけなかったからです。片や「語学研修をしてほしい」という要望に応えて、もう一つ用意したベルリッツのニューヨークの語学研修には40人集まっていました。帰ってきたら、語学研修の方は「ハードだったけど、語学は少しだけ身についた」と生徒たちから聞きました。通常の語学研修なので、内容は2週間の英語の勉強です。ボストンのチームはというと、みんな人が変わったようにアグレッシブな顔で帰ってきました。ボストンから帰ってきた生徒たちの目は、キラキラしていました。そういう生徒は自分で問題を解決しなきゃだめだと分かっているので、目の前のことを他人事にしなくなります。そして、人の悪口を言わなくなります。やさしいフィードバック、プラスのフィードバックができるようになっていました。

そういった生徒たちの変化や声、保護者の方たちからの要望を踏まえて、２年目には午前中にベルリッツの英語プログラムを入れ、午後にアントレプレナーシップのプログラムを行いました。午前中はベルリッツ、午後はタクトピアのパートにして、ボストンとシリコンバレーの２チーム体制での開催でした。実際にやってみると、さすがにハードだったので、翌年からはベルリッツを外して、アントレプレナーシップのプログラムのみにしました。３年目となる２０１７年の夏季ボストン留学には39人の生徒が参加し、内容的には最初のスタイルに戻す形で落ち着きました。

１年目・２年目の反省、フィードバックを受けて回を重ねるたびに、最高のキャンプになっていきました。もちろん、全ての年が最高のキャンプでしたが、そのレベルはどんどん向上していきます。少し極端な例をいうと、３年目のビジネスコンテストで最下位だったチームと、１年目のコンテストのトップのチーム。両者を比べると、３年目の最下位のチームのほうが多分レベルが高いと思います。

理由はマインドセットが違うこと、提供する私たちのワークショップがうまくなったからではないかと思います。生徒たちのペルソナがわかってきたことも大きかったです。何ができて何ができないのかが、少しずつわかってきました。結果として、生徒たちにジャストフィットする形で提供できるようになりました。

ここまで質の高い夏季留学を毎年開催できたのは、豊かな人脈と類いまれな行動力をもつタクトピアの存在あってのことです。彼らの最高の形を目指す真摯さと姿勢は、生徒たちの一生忘れられない留学体験の礎そのものとなりました。彼らと出会えたことは、私にとってもかけがえのない大きなギフトでした。

生徒と先生たちに起きた変容

ボストン留学での刺激によって、帰国後に大きくシフトしていく生徒も現れました。例えば、ボストンから帰ってきた生徒たちが、私の知らないところで慶応大学のビジネスコンテストに出て、入賞したこともそうです。私から見ても、おそらく慶応大生には勝てないだろうなという生徒たちです。自発的にチームを組んで応募していたことに驚きました。

もしかすると留学から帰ってきた生徒たちは、他の日本人生徒と同じように振る舞わなければいけないという点で、苦労した部分があったかもしれません。目立つと先生に目をつけられることもあるからです。とても残念なことですが、一部の先生たちから見て「こういう生徒は態度が悪い」という評価判断があります。

でもそれは、誰にとっての「悪い」でしょうか？　それは結局のところ、先生たちにとって都合が悪い生徒ではないのでしょうか。そんな風に、自戒も込めてですが、教員という人種は、気が付いたら生徒に対して「権力者」になっている可能性があり、常に留意しなければならないと、考えています。

私はやる気のある先生たちを引率者として、毎年ボストンに連れていきました。するとみんなが変わっていきます。一緒にいった先生たちは別人になって帰ってくるのです。教員の池谷首席は1年目のボストン留学に同行し、目覚めた先生の1人です。ＭＩＴアントレプレナーシップ・センターは、世界最高峰の人材育成と研究・起業などを行い、世界最高の人材が集まる場所の一つです。一緒にいながら、彼のテンションがどんどん上がっていくのがわかりました。帰国後は別人のように自発的に動き出したのです。

そうして教員のリーダーの一人だった池谷首席が変わったことで、その周りの先生も明らかに変わり始めました。それまでにも、じわじわと変化はありましたが、そういうときには、さらにブーストをかけて引き上げないとなかなか伸びません。留学から帰ってきた池谷首席の影響で、先生たちの空気が変わりました。先生が変わると生徒も変わります。これは大きなことでした。

土曜講座もそうです。先生たちには見ているだけではなく、一緒に手伝ってもらいます。生徒たちにも時間があったら、授業の設計を手伝っていいよと言っていました。そうでないと、他人事になってしまいます。オーナーシップをもって参加するほうが、何倍も楽しくなることを体験してほしかったのです。いつしか見学にくる先生たちは増え、チームとして大きく成長していきました。

　こういうことをやりながらいつも悩んでいるのが、こうして理性に気づかせてしまうのが、生徒にとって本当にいいことなのかということです。気づかせなかったほうが幸せだったのかな、と思うときもあるのですが、やっぱり面白いからやろう！　と思ってしまいます。心の解放、というのでしょうか。ボストンで出会ったような、キラキラした子どものような大人がいっぱいいたら、きっと楽しくて仕方がないでしょう。自分もそうなりたいと思うでしょう。これは進路や教育というよりも、生き方の領域かもしれません。私にとって1回目のボストン夏季留学に参加した生徒たちは、まさに先陣を切って新しい世界に飛び込んだ「勇者」そのものでした。

ハーバード生と学ぶ、初の国内冬季キャンプ

海外短期留学を国内で実現

ボストンの短期留学から帰ってきたある日、一人の生徒がやってきました。

「先生、うちにはお金ないんです」

母子家庭でお金がない。だから短期海外留学の松竹梅コースをつくってくださいというのです。

「私も海外の留学経験をしたい」と彼女は話しました。

夏のボストン研修に参加して帰ってきた生徒たちがキラキラして帰ってきたのが、悔しかったようなのです。60万、40万、そして5万円という松竹梅がほしいという話でした。5万円じゃ海外はさすがに無理だろうと言うと、「それを考えるのが校長の仕事でしょ」と言われてしまいました。

私は基本的に、ヒアリングベースでボトムアップでしか物事を動かしません。こうやって、生徒からの要望が出てこない限りは動かない。自分でもアイデアは持ってはいますが、それをやってしまうと、集団が何も考えない受け身のグループになってしまいます。目的を持たずに集まっ

ただけの「グループ」と、ミッションや目的を明確に共有する「チーム」では、その後の行動と結果に大きな差が生まれることは、米国の大学などではすでに研究されつくしています。自立的に自分たちで話すように仕掛けるのが、私の得意技です。このときもそうでした。

タクトピアのスタッフと話しながら、何とか5万円くらいで海外経験ができるような国内キャンプができないかを考えました。そこで海外のトップ大学の学生たちを呼んできて、ワークショップをしようという話になったのです。いわば、夏のキャンプのダウングレード版です。行けないけれど、来てもらうことならできる。各チームに大学生にメンターで入ってもらうこともできる。まさに短期留学の疑似体験です。その生徒には「わかった、とにかく2万9800円は出してね」と伝えて、動き出しました。

通常は一人40万円はかかってもおかしくはないプログラムです。ただ、公立高校ですから、できるだけ費用を下げ、その中で、生徒たちには最高の経験ができる空間と時間を設計することに心を砕きました。コストを抑えるために、大学生たちの宿泊はホームステイにして、会場は箕面高校の食堂をつかいました。当時は大きい場所がそこしかなく、寒い中でしたがそれでもいい、やろうとなりました。内容的にはハードになると予想していました。ですが、英語ができなくてもやる気のある子は参加できるようにしました。そこには英検3級以下の子もたくさんいました。私はどんなときであれ、日本語も英語もミックスでいいと思っています。要は伝わればいいのです。まずはここからです。

海外トップ大学生との３日間プログラム

プログラムは、海外のトップ大学で行われているリベラルアーツのワークショップを日本人用にカスタマイズしました。まずテーマを決めます。テーマに対してブレインストーミングとマインドマップの作り方を学びます。こちらで設定したテーマと、海外の大学生たちが研究しているテーマをドッキングしてもらって、それぞれ大学生自身にプレゼンをしてもらうことにしました。それに対してどういった新しいテーマを出したいかを、高校生と一緒にみんなでチームミーティングをするのです。

２０１６年の１月、記念すべき第１回目の冬季キャンプでは、ロンドン大学とハーバード大学の学生に来てもらいました。

タクトピアには専攻はバラバラで、様々なメンバーを集めてきてほしいと伝えていました。できるだけ分野が重複しないこと、民族の多様性が高いこと、教養的な関心が高いこと。そしてアジア人をバカにしないこと。これらをクリアできる人材を呼んできてくださいとお願いしました。

その結果、政治、ジェンダー、文学、哲学、心理学、日本大衆文化、地図、国際関係学と多様な専攻をもつ８人の大学生が箕面高校に来てくれたのです。アメリカとイギリスの大学では、ダブルメジャーをやっている学生たちがたくさんいます。

例えば、哲学と物理学を専攻している学生がいました。哲学と物理はほとんど表裏一体なので、全く違う勉強をしている感じはしません。中には、国際関係学をとっている医学部生もいました。こういった豊かなバックグラウンドをもつ学生たちの来日が実現したのは、まさにタクトピアの尽力の賜物です。

日本は発展途上国から先進国になるモデルとして、ハーバードビジネススクールでも取り上げられるテーマの1つです。焼け野原から急速にいきなり復活して、発展途上国が内戦状態から先進国になるまでの1つのモデルだと彼らは認識しているのです。だからビジネススクールの最初の授業で、日本のケーススタディをよくやっています。

日本へ来たいという大学生は、実はいっぱいいるのです。卒論のテーマがない学生にとって、日本人の高校生からのフィードバックは、文化が違うから視点も大きく違う。彼らの卒論にアイデアを与えるという点で、大きな価値があります。それに日本人は彼らの近くに多くいるわけではないし、会いたくてもなかなか会えないわけです。彼らも日本人と話したいのです。そうやって日本に行きたいと言うものの、日本人は彼らから見るとよくわからない存在であることもまた事実です。まずは高校生たちと一緒に、リベラルアーツ系のワークショップを通して知り合っていく、仲良くなっていくことから徐々に始めることにしました。

ワークショップ中に大学生と大激論

会場となった学校の食堂に、40名の生徒が集まりました。１日目は昼からスタートです。レゴを使ったアイスブレイクから始まり、自分が深掘りしたい分野を選び、その分野を担当する海外大生のプレゼンテーションを聞きます。２日目に海外大生とディスカッションを重ね、さらに自分たちでリサーチもすることで、自分の分野に対する理解を深めていきます。

ここではまだブレインストーミングのレベルです。

最後でまとめに入り、プレゼンテーションの方向を明確にする。３日目の午前中にプレゼンテーションのリハーサルを見て、私たち運営側からフィードバックをすることでサポートします。プレゼンテーションの方法と目的を２～３時間で修正したら、午後からプレゼン大会です。内容的にもスケジュール的にも過密で、やってみると超ハードになりました。

これは実際にご覧いただけると分かるのですが、プレゼン大会開始直前の最後の10分が勝負になってきます。この10分をどう詰めるか、が重要なのです。誰かに見てほしいと言っているチームもいますし、自分たちだけで修正したいというチームもあったので、スタッフ全員でここはサポートします。

各チームには最初から最後までメンターの大学生たちもサポートでついています。遊びの時間はありません。プレゼンは英語ですが、相談は日本語でもよしとしました。どっちもつかっていいからね、と。外国人の学生たちは日本語が話せない人もいるので、バイリンガルの日本人学生を各チームに配属することでそのサポートもしました。

途中、来日した大学生と揉めた場面がありました。

あるインド人の学生からもっと英語でやりたいと言われたのです。私がそれは無理だと話し始めたら、そのまま大激論になって30分くらいやり合いました。「カリキュラムコンテンツのベースをつくっているのは私たちです。学校教育の一環として継続性を担保しているため、英語力が目的ではなく手段でしかない。あなたがオーナーではない以上、こちらの要望を守っていただかなくてはならない」と、私ははっきりと伝えました。ここを明確にしなくては、彼もきっと分からないだろうと思ったからです。

そのときの会場はというと、生徒も先生たちも凍りついていました。生徒たちに「先生は喧嘩しているの？」と言われましたが、「違うよ、これが議論なんだよ」と話しました。そんな風に大議論をしたインド人の学生ですが、とても能力の高い人で、この後とても仲良くなったのです。

彼はロンドン大学へ帰ってから、「あそこには面白い校長先生がいるからぜひ行った方がいいよ」と箕面高校を宣伝してくれました。「あんなことを言ってくれる日本人はいないよ」とも言っていたそうです。教育に携わってみたい・日本を知りたいという学生たちに来てもらっているので、議論を通してこうしてわかり合うこともできます。そういった流れも自然に起きました。

そして迎えた3日目の最終発表での生徒たちは、初日とは別人のようでした。見に来られたお母さんが泣いている場面もありました。人前でこんなに話したのを見たことがない、とおっしゃっていました。英語が下手でもなんでもいいのです。最初の方こそ、おっかなびっくりで質問していいのかなという雰囲気でしたが、生徒たちは最後にはまるで別人のように変わり、それぞれがちゃんとチームになっていました。

実際は日本語が半分も通じない、英語も半分通じない環境は、相当のストレスがあったと思います。でも目を見たら分かると思うのです。何が言いたいのか、何がしたいのか。生徒たちにはしゃべらないと何も変わらないよ、と言い続けていました。困ったら困ったと、自分で相手に言

ハーバード大生・ロンドン大生の話を聞く生徒たち。"Do you think Liberal Arts should be taught in all Japanese school?（リベラルアーツは日本の学校で教えるべき？）"をテーマにディスカッション。英語で意見を発表し、海外大生から投げかけられた疑問に対して英語で答える。

いなさいと。彼らは言い方を変えてちゃんと説明してくれるからと話しました。そして、実際に生徒たち自身が行動し、こういった価値ある体験となったのです。

初めての冬季キャンプでブレイクスルー

初めてのキャンプを終えた２０１６年の1月以降、一気にブレイクスルーする生徒が増えました。特にプレゼンテーションに対して、抵抗感が減ったことが大きかったです。そんな生徒の数を増やせたのが一番の収穫でした。

ボストン短期留学を体験したのが28人。それがこのとき、冬季キャンプの経験者として40人が増えました。それで大体60人、70人の計算になります。戦略ベースでいうと、これで全体の５パーセントを超えました。いわゆるマーケティングの世界であれば、５パーセントが動き出したら全体が動き出すと言われます。これも戦略の一部でした。冬季キャンプにはボストン短期留学の経験者も一部いましたが、新しい生徒がとても多く参加してくれました。ここは戦略ベースで動かないといけないポイントです。思いつきで動いているように見えて思いつきではありません。設計は大事ですからね。

海外の大学生たちからのフィードバックで多かったのは、日本人の印象が全部変わったということでした。こんなに行動力があるとは全然思わなかった、というのが彼らの感想でした。日本人と話すことでいろいろな発見があったのです。日本人はこうだろうという先入観や思い込みもあったと教えてくれました。最初に日本の高校生のイメージを聞いたときは、ネガティブで発言をあまりしない。英語がうまくない、目を合わせたら下にそらす。そんな風に語っていました。

それがいざ、キャンプが始まると「この子たちはインターナショナルスクールの生徒なの？　なぜこんなに前を向いていろんな話ができるの？　英語は下手だけど明らかに普通の日本人じゃない」と、みんなびっくりしていました。

「持っていたイメージは、君たちにとってはただの思い込みでしかないし、何の根拠もないよね」と私は伝えました。やはり、話してみないと分からないことはいっぱいあると思います。

こうやって来日した大学生たちにも持って帰るものがあるようにしないと、サステナビリティが担保できなくなってしまいます。彼らにとっても学びがあるような時間にしなくていけません。相当にプレッシャーをかけて取り組んだ、初の冬季キャンプでした。

海外大学進学に向けての布石

来日したハーバードの大学生たちを驚かせた生徒たちでしたが、本当に1年目の冬季キャンプからそういう感じでした。というのも、土曜講座を受けていた1年生たちが2年生になり、その中で海外進学をしたいという生徒たちがちょうど出てきた頃だったのです。そうなると、２年生の後半から海外大学受験のためのテストを受け始めなければいけません。

もう一つ、重要だったことは、ここで彼らと友だちになることで、海外の大学受験をするときに、アドミッションオフィサーに話してくれる可能性が高まるという点です。「僕が知っているこういう子が受けにくるよ」と言葉を添えてくれるのです。

特にアメリカの大学受験では、いい意味で、コネクションで勝負が決まります。何万人と世界中から受けにきます。ある意味、卒業生や現役の学生が、「彼は大丈夫だから」と言ってくれるだけで、かなり印象が変わります。その人脈をつくれるかどうかが、その子の力と認められている文化なのです。

要は「持っている」かどうかが日本以上に問われます。ここを持っていない子はなかなか通れないのです。どれだけ頭がよくても無理です。大学側からすると、頭が良いとかはあまり興味がありません。それよりも、なぜあの人と友だちなのか、どこで出会ったの？　という話をしたときに、ストーリーをきちんと語ることができるのが大事です。

君はそんなに面白い所に行っているんだね、そうやって君は人脈をつくることができるんだね、と能力を見るのです。それがネットワーキングになってくるでしょう。それ以外はあまり興味がないのです。だから野生なのです。だからカンも鋭い。頭がいいとかどうでもいい。そういうことはコンピューターがやることだから、という感じなのです。

冬季キャンプの本当の価値

毎年進化し続けてきた冬季キャンプですが、国内で同じようなワークショップが他にもある中で、どうしたら生徒のためになるかの工夫もしています。

一つは海外の外国人大学生の事情です。２０１８年の１月に、３年目の冬季キャンプを開催しましたが、いろんな大学からバリエーションのある外国人大学生を呼べるようになりました。全てタクトピアに一任しています。会場も高校ではなく、二泊三日の合宿形式で、夜の時間もディスカッションできるようにデザインしています。

最初はロンドン大学、ハーバード大学だけでしたが、そこにオックスフォード大学、ＭＩＴが入り、３回目となる２０１８年の１月には、東大や東工大といった国内の留学生も加わりました。アジアの大学にも声をかけたところ、相当な応募がありました。いまや海外の大学生からの応募が増えてきて、その倍率は１００倍です。７人の枠に７００人の応募があり、１００倍なのです。これは単純に「いいね」をしているだけではなくてアプリケーションをＣＶ（英文履歴書）でちゃんと送ってくる人の数です。

そして、選考基準にしているのが大学の名前というよりはダイバーシティ（多様性）です。今では１人もハーバード生はいません。一番有名なのはロンドン大になるかと思いますが、もはやそういうことではなくて、世界のいろいろな国籍・専攻・分野の学問を持っている学生からいろんなことを学ぼうという姿勢です。「日本にいながら世界のダイバーシティを体感する」というのが、冬季キャンプの趣旨なのです。

キャンプでは、みんなでバーベキューもしますし、英語で宝探しもします。そういうインフォーマルというか、プログラムの中だけでない関係構築も生きていると思います。大学生たちと生徒たちの多くは、別れる前にラインかフェイスブックでつながります。すると本当に熱心な子は彼らとコミュニケーションを取るために英語を勉強したり、アメリカの大学に行くのでエッセイを見てほしいと頼んだり、発展する機会を得るということです。

もしこれが一生続く関係性になることを思うと、その価値は無限大です。冬季キャンプは3日間だけですが、こういった関係性はずっと続きます。そういう点もこのキャンプの価値だと思います。熱心に参加している生徒であれば、10カ国くらいは余裕で友達になれます。毎回様々な国籍の方が来日しますからね。また、宿泊形式になったことで、リレーションシップが強まる・深まるという利点があり、それも一つの価値になっています。

夏のボストン、冬のキャンプのコンビネーション

夏にボストン短期留学にいって盛り上がっても、帰国すれば必ずそれは落ちてきます。大抵は3カ月くらいでモチベーションが下がるのです。そこにマイルストーンをつくってあげないとい

けないな、と思っていました。

高校生活に戻ると60〜70％は普通の授業です。日本の普通の授業は、基本的には黙って聞いていればいいという内容です。箕面高校においては、徐々にそうではない先生たちも増えて変わってきているとはいえ、日本の授業を受けている限りは、子どもたちがエネルギーを吸い取られていくわけです。このことを先生たち自身が理解していないという非常に重要な課題を、この国は抱え続けていると思います。

言葉は悪いですが、生徒たちにとって学校はおそらく安全ではありません。先生が一番、危険分子になっている側面もあります。それは学校の構図自体が、多くの会社にありがちなトップダウンになっていないか、という問いに繋がります。

生徒たちが自分より弱者であるという観念のもと、自分のいうことを聞く生徒は良い生徒、そうでなければ良くない生徒。自分の自尊心を保つために、その立場を使ってはいないか、ということです。本来、先生と生徒は対等です。彼らの未来の選択肢を増やすために、何を提供できるのかを考えることを忘れてはいないでしょうか。

子どもたちが50年後の過渡期の未来において、問題解決に立ち向かえる思考能力をもつには、Who are you? に対して答えられるかどうかが大事だと思います。Space や Journey といったテーマ一つに対して自分の言葉で説明できるかどうか。要は、みんながそれぞれディフィニッション（定義づけ）をして、自分の言葉で説明できるようになれば、突破口となるアイデアや発見を自分の力で見つけることが可能だと思うのです。ですが日本の場合、スペースと聞いたら宇宙、宇宙＝〇〇〇と全員が同じ答えが言えないと落第、という残念な現状があります。

例えば、こんな経験がありました。レゴでプログラミングをする、レゴ®マインドストーム®は、レゴ社とＭＩＴが共同で開発したロボティクス製品です。ブロックを使ってロボットを自由に組み立てて実際に動かすことができます。成功と失敗を楽しみつつ、思考力・問題解決の能力を引き出すグローバルな教材として、世界70カ国以上で採用されています。

日本でそれを用いて、黒い線を追いかけるライントレースのレゴをつくるワークショップを見たときの話です。参加している子どもたち全員の、マインドストームの横にはタイヤが４つ付いていて、前にセンサーがついていました。それが全て同じ動きをしているのです。私はそれを見て、気持ちが悪いと感じました。ですが、それを先生と保護者の方たちは褒めていました。「よくできたね」「みんなできたね」と。私は悪い夢をみているのかと思いました。

本来は、みんなで違うものをつくるためにしているはずが、全員で同じものをつくっていました。そこにいた生徒たちが何を考えているかというと、要は周りをみているわけです。自分が違うものをつくっていないかな、と気にしているのです。同調圧力の恐怖もあるのかもしれないと思います。

そういう環境から、子どもたちを解放したいというのが私の信念なのです。そして自由とは何か、自分とは何かに気づく機会にしたい。私の場合は、それにたまたま英語をつかっているだけです。箕面高校でしてきたことも、ボストンの夏季留学も冬季キャンプも全て、自由に発言していいという、安心で安全な空間と時間をつくるのが本当の目的です。ですから、英語が話せるようになる・ならないといったことに、私は興味がないと言い続けているのです。

現実問題として、３日間では英語は話せるようにはなりません。特に国内で行う冬季キャンプにおいては、話せるようになるというよりは、モチベーションのコントロールであったり動機付けであったり、多様性、ダイバーシティの体感が一番の目的です。

最初にハーバード生をお願いしたのは、ハーバード大学と聞いた瞬間に、きっと日本人は緊張すると思ったからです。でも、彼らも普通の大学生なのです。そうすることで、自由にアイデアを出せる空気をつくりました。

こうして冬季キャンプは毎年進化をしながら、生徒たちと海外の大学生をつなぎ、多様性の体験を提供し合う機会となりました。

第4章

3年目・4年目の箕面高校の変革

補習もテスト対策もゼロに

1月の冬季キャンプを終えて、着任3年目に入りました。着任したときに高校1年生だった生徒たちが3年生になり、次の世代を感化してくれるようになりました。それがまるで「ペイフォワード」のようになって自律して走り出し、徐々に私たちの手を離れていきました。

着任中はやったほうがいいかもしれないと思っても、やらなかったことはいっぱいあります。というのも私のスタイルは、サーバント・リーダー（相手に奉仕し、その後相手を導く。仲間を支援するリーダーの意）でボトムアップ志向です。組織がグループではなく、チームになることが目的なのです。ただぼんやりと集まるのではなく、本当にこれがしたいというのがみんなの口から出てきて、オーナーシップをもって行動してくれることを目指し続けました。責任は管理職に投げるのではなくて、自分たちもチームで一緒に解決するし、責任も取る。そんな集団にならないといけないと思っていたからです。そして今の日本社会は、決してそうではありません。私は本当の意味で、戦う集団にしたかったのです。

だから、先生たちのチャレンジをずっと励まし続けました。繰り返し話していたのは各分掌、各学年でアイデアを出してきたら、生徒に大きな迷惑をかけない限りは、何をやってもオッケーですよ、ということです。よく「何か起こったらどうするんですか？」と言われましたが、そのときには「それは私が責任をとることでしょう」と言いました。「何が起きても私が責任をとります。だから安心してチャレンジしてください」と言い続けました。

私は絶対にハシゴを外したりはしません。きちんと報告さえしてもらえたら対応しますので、安心してくださいと伝えました。だから終わってから、あれこれ言う必要もないのです。そういうことを言うのは自分たちが責任を取らされるときでしょう。そんなことはしなくてもいいのです。そして、たとえ失敗したとしても、私に謝る必要はないのです。もう心の中で謝っているじゃないですか。だから、そんな事はいちいち言葉にしなくていいのです。もし謝罪するのであれば、生徒のためにその時間を使ってあげてくださいと言いました。先生同士で安心してチャレンジできるようになれば、生徒もその様子を見ているので、勝手にチャレンジを始めるというのが私の哲学です。２０１６年は、まさに自走しだした年でした。先生たちの負担が減り、補習もテスト対策もこの年はゼロです。

継続していたのは、府からの命令だった土曜講座だけでした。１、２年目は夏期講習をやりたいと言った先生がいたので、本人に任せたのですが、３年目にはそういったエクストラ関係は全部終わらせました。残業もそうです。命令していないのに、なぜやっているのですか？　という雰囲気になっていきました。常々、「補講をする人は授業力がない証拠です」と言い続けてきました。何年もかけて伝えてきた言葉が、ようやく先生たちに届くようになったのです。

土曜講座は、完全に箕面高校の先生たちのファシリテーションになりました。徐々に英語を増やして、ＴＯＥＦＬの素材をできるだけ使うようになりました。それでマインドセットができるようになりました。ＳＥＴの髙木先生と一緒にコーディネートしながら、主軸は変わらずクリティカルシンキング、マインドセットです。土曜講座からは卒業となる3年生には、国際教養科を受け持つ髙木先生の授業に組み込みました。そこにいろんな先生が見に行って、勉強ができるようにしました。

図書館改革　Stanford d-school Project

3度目の学校経営推進費の獲得へ

ある日、若手の先生方が何人か校長室に来ました。

「ワークショップができる場所が欲しいのです。校長先生、今年も学校経営推進費で追加予算をとって、ワークショップがもっとできる場所を新しくつくりましょう」と言うのです。

「自分たちがやりたいのなら、君たちがやらないと」と言ったら、「いや、プレゼンは校長じゃ

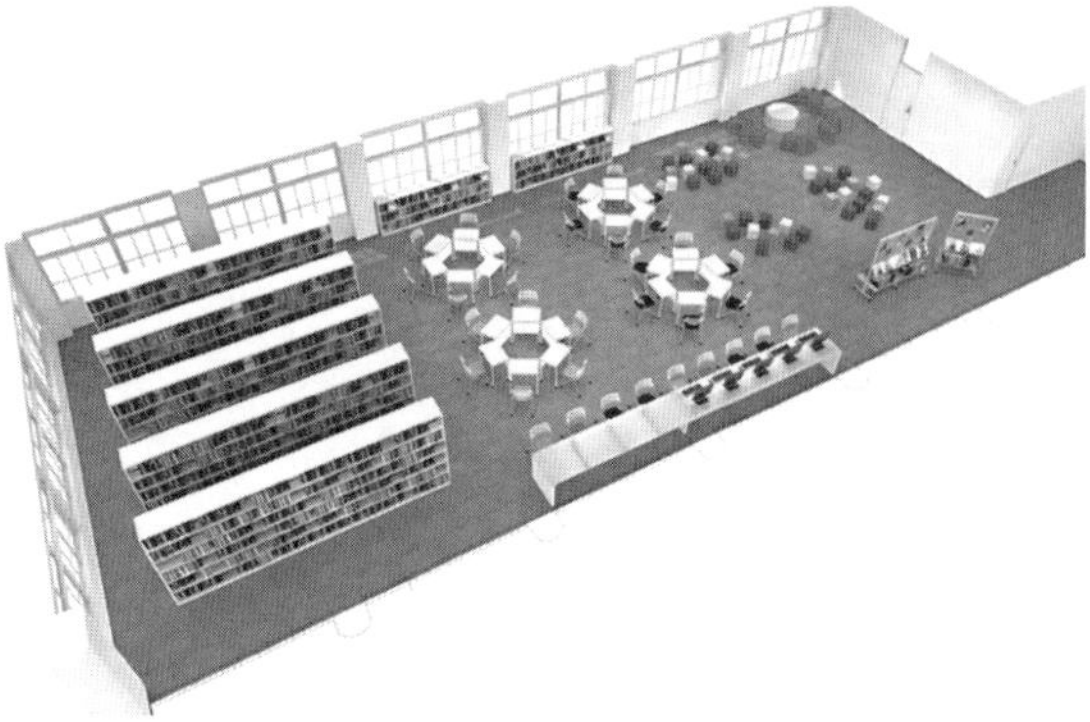

当時作成した図書室の完成予想図

ないと採用されないと思います」と言われてしまいました。校長の利用の仕方まで覚えてきた若手の先生方にある意味、大きな成長をしたのだな、と思った一方、自分たちでプレゼンをしたい、と言えない現状に、私の進退の時期を考え始めたときでもありました。とにかく忙しい合間を縫って、プレゼンの準備をすることになりました。

職員会議で「私はしたくないのですが、若手の先生方がワークショップのできる場所が欲しいと言われています。それができるのは校内でも図書室しかないのですが、いいでしょうか」と話しました。他に対案があれば、プレゼンテーションをしてもらったらいいです。先生たちでどうぞ決めてください、と話したらそのままＯＫになってしまいました。「もし通っても通らなくても、文句は言わないでくださいね」とだけ了承をとって、プレゼンテーションにエントリーしました。さすがに先生たちも、３年連続は勝てないと思っていたのかもしれません。

「アイデアもそのままＯＫということですが、後から変えられませんよ」とだけ念を押しました。

さすがに3年連続で予算を取ると、矛先は校長に来ると思っていました。2年連続でも、相当言われていただろうと容易に想像がつきました。おそらく負けるだろうと思っていたところ、予想に反して勝ってしまったのです。この年に選ばれたのは15校でした。

最初から勝てないと思っていた私は、その結果を知りませんでした。すると「先生、勝ちましたよ」と、他の学校の方から電話で教えていただいたのです。「えっ！　私は落ちたと思ったんですけど本当ですか？」と思わず言ってしまったくらいでした。すると案の定、反対する先生が何人か出てきました。私は「あのときに言わなかったからだめですよ」と伝えました。「私は別にいいですが、教育委員会に自分で言ってくださいね。よく考えてみてください」とだけ話しました。

学校経営推進費は使い方をプレゼンテーションして獲得した以上、それ以外に使うことはできません。このときの予算は６００万円。スタンフォード・スタイルの図書館にするための改装費でした。

〝机〟という壁をとっぱらい、起こした図書館イノベーション

図書館のモデルにしたのは、スタンダード大学の d-school です。なぜこの形式にしたかというと、学習するときに、アメリカでは「机と椅子は必ずいるとは限らない」という新しい考え方が

生まれつつあるからです。そもそも今の教室のスタイル（1クラス40名、机が前を向いていて、教壇に教員が立って講義をするという「形」）は、何の科学的根拠もありません。単に、国家予算による物理的な限界によって作成された妥協の結果です。簡単に言えば、お金がないから、あの箱と授業のスタイルが決まったと言えます。本当にそれが正しいかすら検証が十分にされていません。これで21世紀の教育はいいのでしょうか？

机が壁になってしまうのです。試しにそれらを全部失くしてみると、不安になるのがわかると思います。これは会社などで実験をするとすぐに分かることなのですが、机なしで話し合いをすると、人は緊張します。ということは、それが一定の壁になっているということです。オープンイノベーションを起こそうと思うと、机は一番邪魔な存在です。本当はそれこそ、屋外でやった方がいいのです。天井とか壁とかも本当はない方がいい。森や海は最高の環境だと思います。

私は十数年間、ずっと教育の現場にいました。塾へ就職して奈良学園の立ち上げにかかわり、今に至るのですが、もともと日本型の一般的な教育を10歳以降はきちんと受けたことがないため、塾に入ったという経緯があります。そこでは塾という不思議な空間にずっと毎日ドキドキしていました。全員が前に向かって座って、何時間も黙っているでしょう。誤解を恐れずに正直にいうと、うまく調教するのだなあと思ったのです。

50分を6コマ分、じっとしているには、ものすごい努力とパワーが必要だと思います。いわば普通ではない状態です。インターナショナルスクールでは寝転んで学習することもよくある風景

生徒たちの授業から先生たちの勉強会、ワークショップや学校説明会も図書室で行われる。

でしたから、余計にそう感じます。グーグルという会社も写真でみる限り、上記のような感じです。やはり人間らしい環境の方が勉強しやすいのかなと思うのです。

日本の学校の先生ならではの言葉だと思うのですが、「前を向きなさい」とよく言いますよね。その瞬間、全員が先生の方を向くでしょう。私は最初、それを見たときにとても驚きました。いつからそんなことになってしまったのでしょうか。

とにかく、この図書室に「前」をつくることだけはしないと決めました。プレゼンテーションをするときに、誰かが立ちます。そこが前になるのです。そのたびに頭と体が動くので、空気も入れ替わり、マインドセットを繰り返していくことができるのです。誰かが偉いわけでもない。一番最初に必要なのは、みんなが対等な関係で議論できる環境だと思います。

それ以来、箕面高校での各種説明会やワークショップはここで行われます。そのときには、寝転がる生徒もいます。でもそれでいいと思うのです。寝転がっている方が頭の回る子もいれば、私のように立っている方がいい人は、立って受けることもできます。それでいいと思うのです。

２０１７年の学校説明会に８００人参加

図書室の改装を提案し、自分たちでワークショップを作りたいと言った先生たちは、元・ＩＳＡＫ（日本初の全寮制インターナショナルスクール）の立ち上げメンバーがつくった、ImaginEx（イマジネックス）と手を組んで、プログラムづくりを始めました。そして気がつくと英語の先生だけでなく、社会の先生と物理の先生がハーバードのエッセイの勉強をするようになっていました。彼らはこのままじゃダメだ、と言うようになり、ある先生は夏にボストンに随伴してから、ハーバード教育大学院に行きたいというようになりました。ワクワクするのが一番です。誰よりも先生たちがワクワクし始めたのです。

こういった変化は、先生たちの日々の会話や生徒会活動などでも広がり、生徒会の運営はＭＩ

T方式になり、オープンマインドがベースになりました。要は、とにかく失敗してもいいからやろう、というあり方です。プランニングに時間をかけずにDO！　という感じで、すぐにクイックレスポンスでフィードバックを受けて修正をする。日本で流行っているPDCAがあるでしょう？　Pはいらないのです。すぐにDOしろ、です。Pを作っている間に2、3カ月かかってしまいます。その間にマーケットが変わってしまうでしょう。とりあえず思いつきでいいのです。

1時間で1つの答えを出して行動するか、30秒に1つの答えを出して120回トライするのか。人生という巨大な時間の中での30秒と1時間は、それほど差はありません。だったらとりあえずスピーディーに回そうということです。レスポンスを見てフィードバックを受けた方が、成功率は確実に上がります。生徒に言い続けていることを彼らはすでにしています。失敗してもいいからやってみよう、ということです。少なくとも生徒会はそんな感じで動いています。

4年前の学校説明会の参加者は、180人くらいでした。それが2017年の学校説明会には、250人の枠に800人からの申し込みがありました。私の話はいつもこういう感じなのですが、それでもご質問をいただいたり、アンケートの答えを見る限り、モチベーションが上がったといった声なども届き、喜んでいただいているのがわかります。このときは1日3回開催で、お申し込みいただいた800人全員に参加していただきました。さらには、生徒たちが学校説明会をハックするという事件もありました。ある日、彼らが分厚い企画書を書いてきて、学校説明会をやりたいと言いだしたのです。私にはゲストで17分喋ってほしいといわれました。最終的には、9

つの模擬体験授業のうち、２つの授業を有志の生徒たちが行いました。そこで彼らは、ＭＩＴのワークショップのイントロ版をやって、保護者の方たちをびっくりさせたのです。先生にも生徒にも、学校全体でワクワクの連鎖が目に見える形で現れるようになりました。

海外・国内有名大学へのかつてない合格者数

海外進学を目指す生徒たちのサポート

２０１６年から２０１７年にかけて、内部調整はほとんど終わり、おのずと自動操縦になっていきました。とはいえ、海外進学の指導をできる人が3年間で育つことはやはり難しく、その部分はＳＥＴの高木先生と2人で対応しました。ネットワーキング業務、海外大学とのコミュニケーション、ＴＯＥＦＬとＳＡＴの指導、それこそエッセイの指導まで全部です。通常のインターナショナルスクールであれば、授業を持たないキャリアカウンセラーが最低でも準管理職として

1名、エッセイ指導専門の先生も2~3名体制で対応する業務ですが、なんといっても2人です。校長業務もこなしつつ、とても忙しくなりました。

結果、2017年には海外の30大学に累計36人が合格という実績につながりました。世界ランキング33位のメルボルン大学に2名、世界60位のシドニー大学に3名、世界60位のクイーンズランド大学に1名、全米ランキング9位のリベラル・アーツの名門・ウェズリアン大学に1名が合格しました。この実績以降、箕面高校は学校の改革や取り組みにおいて、様々なメディアから注目を集めるようになりました。ですが、全ては生徒たちの頑張りがあってのことです。生徒自身のパッションと努力なくしては、どれだけ環境を整えても意味はないのです。

同志社合格者数10名から70名へ

2016年の海外受験では14人が手を挙げて、最後に進学したのは8人です。この14人は、周囲にとてもいい影響を及ぼしました。以前の箕面高校は関西大学への進学で精一杯の学校で、卒業生はほとんど勉強せず、ぎりぎりになって勉強をして関西大学に入ったら一番賢いといわれていました。箕面高校生の進学先の中で、最も偏差値の高い阪大に現役で行くのは毎年1、2人でした。

それが2017年の一番の大きな変化として、海外大学への進学だけではなく、同志社の合格者数にも現れました。毎年10人程度しか受からなかった同志社大学に、なんと70人が合格したのです。

学力、さらに英語力もついているので、海外へ行ける子たちはいっぱいいたのですが、いきなりはちょっと……というケースも多々あります。経済的なことを考えても、関西圏でトップクラスのグローバルな校風をもつ、同志社大学へ行こうという生徒が多かったのです。

同志社大学の創立者はアーモスト大学卒の新島襄です。日本でトップクラスの交換留学先を持っていることで知られています。海外協定大学としてハーバード、コロンビア、プリンストン、アーモスト、ハミルトン、コルビー、スタンフォードもあります。リーズもあったと記憶しています。※参考WEB：大学間協定締結大学数　44ヵ国184大学［海外協定大学案内、2018年1月現在］〈http://international.doshisha.ac.jp/agreement/overview.html〉2018年7月26日アクセス

とはいえ、特に勧めていたわけではありません。受けたかったら受けたらいいよ、と伝えていました。すると受けた生徒たちが「先生、問題が簡単でした」と言うのです。特に英語は、みんなほとんど満点を取る勢いでした。これはグローバル科だけでなく、普通科の生徒たちもそうです。ボストンへ行った生徒たちや、冬季キャンプに参加した生徒、その周りにいた生徒たちも全員が感化されてこうなったのです。

少しずつゲリラ戦を展開した結果、先生たちも授業のスタイルが少しずつ変わってきたことも大きく影響していると思います。単に教え込むだけではなく、インタラクティブな授業をやるよ

うになり、生徒たちは自分の頭でちゃんと考えるようになりました。そうすると英単語を丸暗記する必要性も減るのです。

「いかがなものか」という病

インターナショナルスクールでは、授業中にずっと話している先生は能力が低いといわれます。1時間に15分以上話している先生は、自分は頭が悪いと言っているのと同じだよ、というのです。これが今の日本の価値観と違うのは重々承知しています。でも実際のところ、アメリカの大学の先生は、自分だけでずっと話すことはあまりありません。話すほど能力が低いという価値観なのです。そういう先生は、翌年には大抵席がなくなってしまいます。こういう話を箕面高校の先生たちにしても「そうなのかな」と思ってもらえるくらいにまでなりました。1年目にはとても言えなかったことです。

いまの日本は、何かあると「調子に乗っている」と言われてしまうような奇妙な同調圧力と、相互監視の恐怖の社会になっているのではないでしょうか。今までのやり方でずっと講義しなきゃだめだ、という幻想と恐怖心はもう不要だと思います。それを解放したら何が起こると思いますか？　とにかく日本の先生は能力が高い。15分しか話したらだめなのだと納得し始めると、それに合わせて自然に変わっていきます。日本の先生は適切に理解・解釈・分析するリテラシーがすごく高いので、インタラクティブな授業ができるようになるのです。

こういうことを言っていると「いかがなものか」と言う人が必ず出てきます。この言葉はなんだろうと常々思っていましたが、要は自分のポジションをそのままで相手を否定しているだけなのです。「それはいかがなものか」「ではもう一度検討してきます」といった感じです。反対すらもしていない。ただ文句を言いたいだけでしょう？　と思うのです。「あなたはどうしたいの？」と聞いたら大体わかると思います。あまりにもそういう場面に出会うので、まるでコントのように感じることもあります。そういった不思議な日本語がいまも飛び交っているのです。

典型的な偏差値50（河合塾の模試）だった箕面高校から、海外の大学に進学した生徒の中には、Aプラスを取っている優等生もいます。いわば最高峰の成績をつけてもらっているわけです。みんな海の向こうに渡ってから、ものすごい勢いで勉強しています。ハーバード大学などIvy Leagueと同等クラスの大学でAプラスは相当なものです。日本人は真面目なので、きちんとやったら必ずできるのです。

日本では、がんばったとしても成績の評価、先生の評価が少しおかしいのではないかと私は思います。そもそも定期テスト自体、学習指導要領に記載はなく、実施義務はありません。あえて言葉を選ばずにいうと、定期テストは学校が思い込みでつくったもので客観的な根拠のない、偏ったいるものだという言い方もできるのです。それで何が評価されているかというと、先生のニーズに最適化できたかどうか。その部分を評価されているのではないでしょうか。テストと一部の平常点をベースに、生徒の成績が評価されていること自体、世界の基準においても、荒っぽいと言わざるを得ません。

さらによく考えていくと、会社での上司の評価もそうではないでしょうか？　日本では上司に反論してはいけないでしょう。そして、このままでは明らかにまずくなっていくのにみんな黙っていて、最後に失敗したらほらみてみろ、という感じです。どれだけ人間関係が冷たいのだろうと思います。それに上司も部下の話を聞きません。聞かないのですから、それでしょうがないのかもしれませんが、それでも私は冷たい人間関係だと思います。お互いに本音を言わない・言えないような人間関係だということです。

先日、タイ時代の友達と異文化トークと称して盛り上がったときに、日本ではなぜ乾杯するときにグラスを見ているのか？　という話になりました。なぜ、相手の目を見ないの？　と言うのです。おそらくコップの高さが上か下かをみているからだと思うのですが、でもそうやって目線をずらす練習をしているんじゃないかと思うほどです。

目を見るということは、心を通わせて会話することです。もしかすると日本では心を通わせることは良くないことなのでしょうか。推し量るという名のものに、生身の交渉を避ける傾向があるように私は感じます。

世界基準のプレゼンテーションとは

プレゼンテーションは「プレゼントを交換するもの」

会議中でも授業でもそうですが、基本的に先生は生徒を見ていません。講演会の演者もそうです。基本的に講演する人も、聴衆を見ていない。オーディエンスをみずに、中空をみていたりします。私はそれを少し病的だなと感じます。プレゼンをするときは、絶対に全員の目を見て話すものだからです。

ご覧いただいたことのある人は知っているかもしれませんが、私のプレゼンテーションは全員がうなずくまでやめません。日本では多くの人がぼんやりと聞いています。だから最初に必ず、わかったら頭を縦に振ってくださいとお願いするようにしています。とにかくレスポンスを返してください、と伝えます。

プレゼンテーションは「気持ちをプレゼントする」からプレゼンテーションであり、プレゼンテーションは返すもの。だから、聞いている方も話はしないけれどプレゼンテーションをしていることになるのですよ、と話します。プレゼントをもらったのに返さないって、そんなことはしないですよね？　だからレスポンスをしてください、とお願いします。すると全員がその場で変わります。なぜなら私は全員と目が合っているので、聞いているみなさんも私に見られているからです。楽しんでいるけれども緊張もしているわけです。

プレゼンテーションの基本とはそういうものです。ハーバード大学へいこうがスタンフォード大学へいこうが、プレゼンがどれだけ下手でも、目を見ないとか、レスポンスがもらえないとかそういうことはありえません。だから頭を振れ！　と私は生徒に言います。みんなで応援しよう、お互いに、と。だから私のプレゼンテーションを聞く人はみんな元気になるのです。

みんなでよい場をつくるために集まっている

登壇する機会をたくさんいただく中で、実はプレゼンの苦手な方が多いことを知りました。一番多いのは、学習発表会のように書いていることをそのまま読んでいるというものです。エンターテイメント性もドラマもない。Aha! もなく、どこがクライマックスでどこがポイントなのかもわかりづらいときがあります。私はというと、フルパワーで笑いと緊張感とレスポンスをテーマにしようと考えて、いつも挑んでいます。前の3人がプレゼンをしている間に、私はその場で自分のプレゼンをつくっていたりもします。私は即興の方がいいのです。基本のフレームワークは決まっていますが、会場の様子、話の流れもその都度違います。だからできるだけ、その場で一気に作り変えるようにします。パワーポイントやトークの内容も、その場で考えてあえて作り直す場合もあります。

20分でと言われたら20分でちょうど話しますし、25分でと言われたらきっちりその時間内で終わらせます。そういうことも私は得意です。そういうと、なぜできるようになったのかと聞かれますが、これはトレーニングをしたとしかいいようがありません。高校のときから何千回とプレゼンテーションをさせられたからです。授業でもそうですし、日本の塾や学校で働きながらもやり続けていることだからです。

特にレスポンスを絶対に返さなければいけないというのは、学生時代に徹底的に叩き込まれました。返さないのならその場にいなくていいだろうという考え方です。当然授業中に最低でも質問を3つ以上しないことはありえませんでした。リアルタイムで質問できないのは、頭の悪い証拠だろうと言われるからです。頭の回転が遅い人が質問ができないということです。

でもその質問が、日本の場合は攻撃になる場面をよく見かけます。これはどういうことですか？　という言い方もそうです。そうではなくて、プレゼンテーションでは会場全体をよくする質問をしなくてはいけません。日本では、質問することは攻撃することだと勘違いしている人が時々いるので、質問しにくい雰囲気があるようにも思います。本来、その「場」というものがあります。みんなでよりよい場をつくるために集まっているはずです。なのに、日本では登壇者を攻撃するための場所になりがちです。まるで品評会のように、その人はいい人なのか？　悪い人なのか？　という感じで、みんなで良くしていくという感覚がない。クリエイティビティがあったな、という気づき一つでもいいのです。中には、質問そのものが誰も興味のない自己紹介から始まる姿も多く見かけます。

私が質問するときは、どうしてもファシリテーターになりがちです。というのも、質問者も質問は30秒でしてください、回答者も30秒で返してくださいとお願いするからです。登壇者も能力がないと30秒で返せません。30秒で鐘を鳴らして終わらせるのがいい方法だと思います。あの鐘は世界共通で、一番威力のあるツールの一つです。鳴らした瞬間は、全員ほぼ黙りますし、3回鳴らしたらもう帰りなさいという意味です。ここではどんなに偉くても関係ありません。

箕面高校の成果が知られるようになった2016年頃から、様々な場所に呼ばれるようになりました。2017年は次への準備の年、次のキャリアへの準備です。いままでやってきたことの整理と根回しです。多くの講演会で話し続けてきたのは、共に闘う勇者を探す準備のためでした。この時期は休んだ記憶がないほど、いろいろな場所でプレゼンテーションをさせていただきました。

心を揺さぶられた高校生のプレゼンテーション

ある国内キャンプのワークショップでのことです。私はそこで、高校生たちの忘れられないプレゼンテーションを見ました。それは課題解決型のワークショップでした。ＡＩをつかって発生する可能性のある課題を、どうやって解決するかアイデアを出そうという内容です。あるチームは順調に完成していて、７割くらいまでできていました。あとはもう準備したらできるというところでしたが、実は大問題をかかえていました。メンバー同士が腹を割って本音で話していなかったのです。そうすると、進むうちにいろいろとほころびがでてきます。普通のチームならこれでいいよね、という感じでそのまま進むでしょう。それもわかっていたので、お昼に話しかけました。そのままで本当にいいのか？　空気が重いよ。プレゼンテーションも、それが君たちの話したいことだったのかと問いました。ちゃんとしゃべってごらん、と話しました。

結局そのチームは、最後に朝まで大激論となり、腹を割り出したのです。そして最後の発表でどんなプレゼンをしたかというと、私たちは今回のテーマと関係のないプレゼンをさせてくださいというのです。どうしたのだろうと思っていたら、朝まで議論した結果、自分たちは腹を割って話していなかったから、最後まで完成させることができなかった。７割完成していた内容をプレゼンテーションするという選択もあったけれど、それは誠意に欠けるから僕たちはそれをしないと決めたと話すのです。いま思っている気持ちそのままをプレゼンテーションすること、それがプレゼンだと思っているから、と話し始めました。私はそれを見て思わず泣いてしまいました。

何十人もの人が見ている前で、大人がそういうことをできるでしょうか？　全部心を解放して、全部やってみたら、自分たちが全然だめで、嘘をついていたことをみんなの前で告白したのです。これはとても勇気がいることです。手が震えているのが見えました。私はプレゼンテーションが終わった後、彼らに駆け寄り、その場で泣きながらハグをしました。そして、よくがんばったね、と伝えました。

結局、大人になるとはどういうことなのだろう、と思います。そうやって死線を乗り越えて向こう側にいったときに、初めてその意義が見えてきます。私は、プレゼンテーションそのものを完成させるということ自体に、実は何の意味も見出してはいません。そうではなく、その生徒の哲学が強くなることであったり、ミッションに気づくことであったり、人としてあなたはどうしたい？　に気づくこと。これが、Who are you? です。それに気づくきっかけになったなら、要は何でもいいのです。このときのプレゼンテーションは、今でも心が震える、忘れられない体験の一つです。

グローバル科の取り組み

国際教養科からグローバル科へ

箕面高校の国際教養科は、２０１６年にグローバル科という学科に変わりました。国際教養科では文系選択しかできませんが、第二外国語が取れます。生徒たちにヒアリングをすると、確かに第二外国語を取りたいという人もいましたが「まずは英語をちゃんと話せるようになりたい」「理系選択ができるようになってほしい」という要望が多いことがわかりました。そのため、教科定表を組み直して、理系選択ができて英語が強く、第二外国語はやらない、という学科に変えることにしました。これも私の提案ではなく、生徒の保護者の方たちからの声でした。特に看護の世界に行きたい・理学療法士になりたい生徒が出てくるようになってきて、なぜ理系を選択できないんですか？　という話になったのです。

海外進学といっているのに、国際科イコール文系というのはとても恥ずかしい話です。教育委員会と話し合いをして、理系選択できるようにできませんか？　と相談をしていました。２年目に設計をして、３年目に実現に至りました。第二外国語にも意味はあると思うのですが、日本の英語の授業がほとんど機能していない状態で、果たしてどうなのか。1年目に保護者や生徒からいろいろヒアリングしたり、PTAとも話す中で、何とか理系選択できませんかというリクエストは出ていました。反面、校内では反対運動もありました。変えたくない人たちもいるわけです。最終的には、保護者の方の「反対する人、いるんですか」という鶴の一声で終わりました。私がみんなの意見を吸い上げている、と生徒からも聞いておられたのかもしれません。気づけば保護者の方々が味方になってくださいました。

また、こういった様子を、まるで国と国の争い、紛争のようだとおっしゃる方もいました。本当にそうだと思います。これはどこの地域でもそうだと思いますが、カルチャーコンフリクト（文化的対立）の結果として、戦争が起こります。その対立をどう解消するかということを、日本ではあまりにも学ぶ機会がないだけなのです。

問題解決学習法の導入

グローバル科の2年生には、プロトタイプとして総合的な学習の時間という教科があります。それを海外でいうところの、リベラルアーツとアカデミックスキルを学ぶ内容に変えました。「総合」という名前にしていますが、PBL（Problem-Solving-Learning）という問題解決学習法を主体とした、プロジェクトベースのラーニングを行う課題発見型学習です。クリティカルシンキングなど、アメリカのリベラルアーツで一番最初にやる内容を日本語版にしました。箕面高校の先生たちがImaginEx（イマジネックス）に監修してもらいながらつくったものです。これが２０１７年の一番大きなプロトタイプになりました。

これは２０１６年からつくり始めていたのですが、現場に投入したのは２０１７年の４月からです。２０１８年の２月には生徒たちによる発表会も行いました。具体的には各チームがバラバラのテーマで、パッションをもって調べたいことをやろう、という内容です。

もともとグローバル科をつくるといったとき、国際教養科はまだ2年のこっている状態でした。このときすでに3年間の時間割の中で、リベラルアーツの授業をしよう、と私は決めていました。そのプロトタイプはというと、その前の年に始めていた土曜講座でやっていた内容です。要素は全てそこにありました。私は内容に直接関与せず、高木先生に監修してもらいながら、チームビルディングをして進めてもらいました。というのも、私が任期が3年でやめる可能性もあったので、その前にそれだけはつくっておきたかったのです。

4年目は現場のことは現場に任せながら、海外進学のサポートであったり、私がいなくなっても英語の4技能の授業を稼働していくための準備をしていました。とにかく、サステナビリティ（持続性）を担保することに注力していました。もともと3年任期という民間人校長を、大阪府からの1年延長の依頼を受け、それを承諾したのは、その時点で私がいなくなった後に引き継げる状態ではなかったからです。つくりながら積み上げてきたこともあり、それがプラットフォームになるまではやめたらダメだと思いました。引き継ぎの準備を進めつつ、持続性をどう担保するか。私がいなくては学校がまわらないというのではなく、そのために必要なメソッドを収束に向けてパッケージ化することです。新しいことをさらに重ねるというより、これをシステムにするのが最終的なミッションになりました。

２０１６年から２０１７年は広報活動もかねて、社会認知のためのイベント出席や登壇も積極的に行っていました。この頃になると、箕面高校でやっていることを聞きたいという人がかなり増えてきました。私としてはあまり出たくはないのですが、同じ志をもつ人との出会いがここにあると思い、登壇をしていました。

本音をいうと私は目立つことが嫌いです。というのも、日本ではすぐにラベルを貼りたがる傾向があるからです。例えば、もし私が学校をやめてコンビニの店員を始めたとしたら、そのことを社会的身分で判断する人は多いのではないでしょうか。もしかすると休んでいるのかもしれない、と私なら思いますが、それでも想像力をつかうことをしないまま、脱落した人というラベルをこぞって貼り付けるケースが多いことも知っています。私が人の前に出るのは、こういうノウハウがあるから一緒にやりませんか、という同志を見つけるためです。それ以外に何の目的も、ましてや目立つことで満たされることはありません。

「普通」も「常識」も本当はない

国が違う、文化が違う、出自が違う中でどうしていくか

私は海外で育ってきたこともあり、嫌でも「普通という基準はない」という考え方にならないといけない環境にいました。例えば同志社国際で学んでいたときも、みんな日本人の顔をしていましたが、帰国子女が3分の2の割合でいたので、そもそも全員の文化的背景も経験も違います。私の概念には「アメリカ人」という人はいません。わかりやすくいうと、ミネソタ人とかユタ人といった風に州によって全く違います。要は個性や歴史、色が違うということです。日本でも同じことはありますが、アメリカのほうがより広くて大きいので想像以上の違いがあります。ミネソタひとつをとっても北と南で全く変わってしまうのです。

対立するのが当たり前。だからゼロベース

海外にいた頃は、びっくりすることばかりでした。言語が通じないことよりも、発想がみんな

あまりにも違いすぎたからです。小学校の頃に入っていたインターナショナルのリトルリーグの野球チームは、まさに典型的な経験でした。それは作戦の立て方から始まります。

「バントって何?」

「僕はバットを振りたいんだけど!」という感じでした。

作戦を立てようと言ったら、「作戦って? うちの国はそんなことはしない。それでもWBCで優勝してる」とキューバの子は言うのです。バントなんてするから負けるんだ、というくらいの勢いでした。そんな風に全く話が通じないので、みんなでゼロから考えるのです。基本ゼロベース思考です。みんなが持ってきた常識で話をするとぶつかるので、じゃあイチから考え直そうという話にならざるを得ません。

僕たちは何をしたいんだっけ? このメンバーで何ができるかな? から始まり、例えばバントをしたくないのは分かるけれど、背が小さいとバットを振っても当たらないよね、と話し合います。じゃあこの子はバントをしようとなります。チームのメンバーと与えられた条件で、今できることをみんなで「ゼロベース」で考えるというのが基本なのです。なぜできないんだと言っても、できないものはできないのです。場合によっては宗教的にできないこともあるのです。

みんなが最低限大事にしているポリシーを、みんなで尊重しながら物事を決めていく。そんなゼロベース思考を、私はこういう環境で身につけました。だからこうあるべきだとか、空気読めと言われても、読むのはもうやめましょうと思ってしまいます。「もう一回、ゼロから話し合いませんか」と思うのです。

うちの学校でも前はこうだったとか、こういう前例があると言っていても、でもどういう状況でそれができたかを、意外と知らないことが多いのです。それならば、現状は大事にするけども、まずはみんなが何をしたいかを言いませんか？　と話します。すると普通はこうだと言うから、「先生の普通とこの人の普通は違いますよ」と話します。普通をちゃんと定義してください、と言うと、みんな考えたことがないのがわかるのです。普通という言葉でまとめていて、自分の常識がみんなの常識だと思っているのです。

日本における組織の弱さはここだと思います。まず、腹を割って話すことができない。「前例が踏襲されるのが正しい」とどこかにあるので、ゼロベースにマインドセットできない。だからゼロからみんなで、ポリシーを大事にしながら進めることができない。

それぞれに人が持っているポリシーを大事にしながら進めていくのが、本来のグローバルマインドセットです。英語ができることは、決してグローバルではないのです。

グローバルマインドセットの大切なポイントは、シンパシーとエンパシーです。対立ではなくて、共感と洞察です。

箕面高校が目指した本当の価値

学校教育において、本来リラックスして取り組む環境をつくるためには、例えば教室や時間割の設計から全てを考え直さなくてはいけません。これは、社会や企業においても同じことが言えると思います。社会や企業においては対立を避けようとして、狭い枠にあえて押し込んでいくといった風潮もあります。

箕面高校で目指していたのは、多様性に対する高い許容力をもったＭＩＴやスタンフォード大学、シリコンバレーに息づいている自由な風土です。オープンマインドでみんなの多様性を認めていること。いろんな人間が入ったり出たりする環境です。先生にとっても生徒にとっても、安心で安全な場所になるように設計していました。だから別に頭がよくなってほしい、英語をペラペラ話せるようになってほしいといったことは全く思っていません。そもそも興味がないのです。

村上憲郎さんとよく話題になるのが、本当の意味での地球市民、コスモポリタンです。国連でも言われているのですが、決して国連的な意味ではありません。中でも、村上さんが言われる『テラン』とは、いわゆる地球人。地球人をつくろうということです。私たちがしなくてはいけないのが、日系地球人をつくること。いわゆる日本の価値観を持っている、地球に貢献できる人材を作ろうというのがテーマです。

たとえ日本で育っていなくても、やはり日本人特有のグローバル気質は喧嘩を止めることだと

2017年のボストン夏季留学、
MIT Sloan School of Management にて。

思います。「まあまあ、もうやめよう」と。それを言えるのは世界でも日本人くらいしかいない。それが私の見解です。先生も生徒もゼロベースで、どんな人ともチームをつくることができる学校。そして隣の人が困っていたら、一緒に解決することができる学校。

とりあえず失敗をしてもいいからやってみよう。これだけです。エジソンも、松下幸之助もみんなそうだったのではないでしょうか。チャレンジをしまくって、失敗してもやめない。それが箕面高校で掲げた、一つの大きな旗でした。そういう点において、まさに世界の最先端の高校になったと思います。

第5章

未来の学校はどうなる？

社会に不都合な人が、社会の常識を変える

対話型授業の原点回帰

今後の学校教育はどうなっていくのでしょうか。私は、古代ギリシャのルーツに還るのではないかと思っています。極論をいうと、未来の学校は宇宙につくるべきだとも考えています。こういうと、破天荒なアイデアに聞こえるかもしれませんが、かつて古代ギリシャでは、アカデミアとして、多様な民族や人種の対話による授業をしていました。歴史は繰り返されるものです。

いわゆる労働集約型社会から知識偏重になり、またそれが戻るということです。古代ギリシャの歴史家・ポリビウスではありませんが、政体循環論のように、ずっと巡り続けるのが歴史です。ある程度便利になり、それを集約して、システム化される。そのシステムが破綻して、また新しい社会ができる。それが、歴史で繰り返されてきたことです。

おそらく今後は、新たな時代のシステム変更に対応する学校がどんどん生まれていくと思います。というのも、250年をかけて最適化された学校のあり方は、すでに限界がきているからです。本来、学校は知識を広げるためにつくられたものです。それが、どんどんフィックスト・マ

インドセットをベースに、人間を当時の社会から期待・要求されていた工場生産型社会に最適化することが中心になってしまいました。それがもう限界に達しています。大航海時代や、古代のギリシャ時代もそうでした。となると、教育現場の次のステップとして見えてくるのは、パラダイムシフトするための新しいスタイルの学校を創ることです。

「こうあるべき」という姿はなく、今、変化の時期に必要とされる学校教育のあり方に、一つの大きな分岐点が来ているだけなのです。

すでに、労働者をつくるという目的は達成されています。シンギュラリティが近づき、いまやその労働者が不要の時代が、すぐ目の前に迫っている以上、一定程度のリテラシーを小・中学校で身につけた後は、アートを生み出したり、モノを考える場所が必要だと私は思います。

日本人の場合、ミッションとタスクが混ざりがちですが、シンプルに「ミッションとは何か」さえわかっていれば大丈夫なのです。そのためには「なぜ、生きているのか」といった哲学のほうに向かっていけばいいと思います。すると結果として、新しいことが生まれやすくなるからです。

その次に大事なのは、起業精神、アントレプレナーシップでしょうか。社会課題を積極的に解決する人材を育てることです。工業化社会が始まった時代は、見渡す限り起業家だらけでした。その時代には、働くことを誰もが自分事として捉えていたのではないかと思います。

競争が純粋化していくにつれて、寡占市場が次々と生まれます。結果として、誰もがそこに固定されることを求められます。今は変化の波によって、そういったこれまでの常識が通用しなくなり、崩壊しようとしているのです。

このことに気づいている人と、気づいていない人がいます。そして、大半の人々がまだ気づいていない状態です。ですが、気づいた人たちの声が高まっている今、ようやく新しい学校のパラダイムを提供できる日がやって来たのだなと思います。

利益のために存在する組織は人類の損失である

これからは、時間と空間に束縛されない時代になります。移動手段が高度化し、通信技術が極めて発達している今、時間と空間の価値を最大化できるからです。これは学校だけではなく、会社もそうです。

求められるのは、多様な経験と多様な知見。後は、社会の問題を自分で解決したという経験です。ですが、今の学校ではそういった経験ができません。学校という枠組みの中で、きれいに完結するようにつくられています。それは本来、社会の一部でしかないのです。私には、まるで隔絶された修道院で勉強しているように見えてなりません。ずっと勉強だけをしていればいい。世俗のことは知らなくてもよい、という感じがします。

今の学校は、隔離・閉鎖された空間です。ところが、子どもたちはスマートフォンという切り札を手に入れてしまいました。隔絶しようにも、勝手に情報を手に入れてしまいます。ならばもうディフェンシブに止めるのではなく、こちらから積極的に出ていくほうがいいのではないでしょうか。

さきほど、未来の学校は宇宙につくるべきだと言いましたが、それは決して物理的な宇宙空間である必要はありません。時間と空間の枠を超えて、世界という舞台へ拡大すればいいと思います。こういう話になってくると、もはや哲学の領域になってしまいますね。

今の教育は、手段と目的が逆になっていると思います。というのも、社会を良くするためにしていたはずの勉強が、いい成績をとるため、いい大学に入るためという目的にいつの間にかすり替わってしまったからです。資本主義社会もそうなっています。いわゆる新資本主義という話も出ていますが、これもすでにハーバード大学などで20年前に話されていたことです。

なぜ会社が存在するかというと、昨日よりも明日、社会をもっと良くするためです。そのためにどういうシステムをつくったらいいのかを考えるのが「株式会社」でした。社会に貢献し、人類全体が豊かになる。資本主義の目的（存在意義）とは、元手を持っているが行動する方法がわからない人と元手を持っていないが行動をしたい人がマッチアップして、より効率よく、そして規模を大きくして社会を変えるためのシステムであったはずです。

それがいまでは、利益をあげることが目的になっています。組織が生き残るために、組織のために利益が存在している状態です。これは、目的と手段が逆転してしまっており、人類としては大きな損失になっていると私は思います。目的が分からなくなり、組織そのものが生き残ることが目的化されてしまった社会。それはまさにイギリスの哲学者トマス・ホッブズの書いた『リバイアサン』の世界です。これは、学校に関しても同じです。目の前の成績を取ることが最大の目的となっていて、東大に入ることが唯一の価値観になっています。「就職ランキング何位」などを大きく取り上げるビジネス誌も同じです。私から見れば「それがどうしたの?」と思うのです。

社会にとって不都合な人間がブレイクスルーする

元・グーグルの村上憲郎さんに、「どこに就職したらいいですか?」と生徒が質問をしたときに「ママの知ってる会社には就職するな」と言った理由は、いわゆる「金のなる木はどれか⁉」でした。誰もが知っている有名企業というのは、今後勢いを失っていくことが見えているからです。この答えには、もう一つの意味があります。「ママと呼んでいる段階で二流だ。親から自立できない人間が社会でやっていけると思うな」と、おっしゃっていたのです。

自ら立つから、自立。自ら律するのが、自律です。本来、学校はそういう場所であったはずです。

社会に貢献するとは、そもそもどういうことなのか。それが最大の命題であり、人類がここまで成長してきた理由ではないでしょうか。でも、大半の人はそのことに気づかないまま、生きています。

私は自分のプレゼンテーションでは、「忠良の犬にならないでください」という言い方をします。これは「日本の教育＝忠良の犬を大量生産する場所」という意味です。もし、否定できる人がいたら言ってくださいね、とお伝えしています。

繰り返すようですが、俗にいう「よい生徒」というのは「先生にとって」都合のよい生徒です。あるいは、親にとって都合がいい、あるいは社会にとって都合がいいという意味も含まれます。ですが、社会にとって不都合な人間こそが、ブレイクスルーするのです。私は、その不都合さを励ます学校を創りたい。そのためにも、革命を起こす同志を大量に育てたいと考えているのです。

こういう話をすると、「いいですね」「私もそんな学校づくりをしたい」と言う先生がたくさんいます。「どこで学べますか？」「どうしたらいいですか？」と質問する教育関係者がたくさんいます。私の答えはいつも、「一緒に経験しましょう」「一緒に勉強しましょう」と答えます。

箕面高校では、ＭＩＴ研修に随行した先生が大きく変容して帰ってきました。「経験していないことはできない」というのは、はるか古代から言われていることです。まずは、一緒に経験する。すべてはそこから始まります。こういったことは、基本的にＯＪＴ（オン・ザ・ジョブ・トレーニング、実地訓練）しかありません。手間も時間もかかりますが、知らないことはできません。

ある日突然、「アクティブラーニングをしましょう」と言われても、どうすればいいかわからないのは当たり前です。自分が受けたことがないのに、できるわけがありません。だから、まずは一緒に経験する、一緒につくる。失敗してもいいから自分でトライしてみることです。

でも今の日本には、それをする場所はありません。なぜなら、失敗は絶対にダメですからね。そうなると、どんどん小さくなるしかありません。日本人は、究極的に最適化されるのが実に得意です。ですが、改造をすれば勝てるのです。パラダイムシフトすれば、勝てるはずなのです。その答えは真後ろに転がっているのに、前しか見ていない状態なのです。「右向け右」と言われたら、きちんと右を向くことしかできないように鍛えられているのが、この日本社会なのです。

その典型的な例が、運動会だと思います。全員で行進したり、応援合戦では校長に向かって踊ったりしますよね。私にとっては恐怖でしかありません。応援合戦は、生徒同士でやってくれたらいいのに、と思うのです。生徒がこちらに向かって踊って、私たちが採点をするのです。

未知の環境で逆転の発想にトライする

元・グーグルの村上憲郎さんと私の共通言語は、「ノアプロジェクト」です。ノアの箱舟に乗れるか乗れないか。今、乗れる人間を探しているのです。

それはシンギュラリティだけの話ではありません。シンギュラリティそのものは、20年前から言われていることで、今ごろ言い出しているのは、知識が一般化しただけだと思っています。それよりも今後の世界でいうと、例えば宇宙計画があります。

医学部の学生と「医療の世界と宇宙」という組み合わせが出てくるという話をしていました。そもそも宇宙では、現在地球上で行っている外科手術ができません。外科の技術は、重力圏内で血が下に沈殿したり、対流を起こすことが前提です。でも宇宙に行くと無重力なので、対流や沈殿が起こりません。そもそも手術した際に、血がどこに行くかも分からない。そんな環境で発想をしていくと、新しい薬ができる可能性が大いにあるわけです。

こういったことを、すぐにビジネス化するのは難しいかもしれません。でもそこにトライする人たちが、おそらくは次の人材になっていくはずです。それを金儲けがすぐにできないからやらない、という人はいっぱいいるでしょう。ですが、金儲けなんてクソ喰らえ！　といった人々が、次の時代に巨大な富を得ることができると思います。そういう人たちを探すために、私は教育の現場に残ったのです。

教育のことを順序立てて話していくと、学歴やビジネス、ましてやお金の話には決してなりません。

人類を次のステップにどうやって上げるか。

私はそのために教育の現場にいるのです。そのための、日本の高校の現場なのです。

あなたは、「きっと洪水は来ないから毎日を楽しめばいい」と言って、日々の生活に追われ、週末のわずかな享楽に身を埋めますか？　それとも「きっと洪水は必ず来るから準備をしておかなくては」と言って、その日に向けて準備を行い、次の未来へ人材を集める準備を進めますか？

あなたの選択が問われています。よく考えてくださいね。

「有益な人材」を育てるのか、「忠良の犬」を育てるのか

箕面高校の生徒の中で、外部のプレゼン大会に出るために、「軌道エレベーター」をテーマに選んだ生徒がいました。軌道エレベーターとは、宇宙に行くためのエレベーターです。そこで、村上憲郎さんが審査員をするコンテストでプレゼンをしてもらいました。それが村上さんに大受けして、「なぜ、高校生が軌道エレベーターを知っているんだ？」という話になりました。「誰だ？」と聞かれたので「私です」と言うと、「お前か！」と言われてしまいました。

リニアモーターカーを使えば、静止軌道上まで行けます。日本の会社が、本当に宇宙に行くためのエレベーターをつくっているのです。こういった技術をテーマに、高校生がプレゼンテーションをする時代になりました。

私は「自分で調べたかったら調べていいよ」と言っただけです。すると、生徒は夢中になって調べていくわけです。ワクワクすることを知ってしまうと、究極まで自分でやってみたい。人はそう思うものです。

最終的には「どこまで進んでいるのですか？」と、研究中の大手建設会社へ取材に行ってしまいました。こういった子どもをつくるために、学校という場所は存在するのだと思います。要は、

人材輩出のための場所であり、機関です。今の学校は、中堅あるいは中堅以下の労働者を大量生産する場所になっています。サボタージュや、革命を起こさないようにするための教育です。学校の先生たちは民主主義の話をしますが、それは誰のための民主主義なのでしょうか。

未来に有益な人材を育てるのか、忠良の犬を育てるのか。自分たちが今、何をしているのか。そろそろ気づいていいのではないかと思います。

子どもに疑問をもたせない、日本の脱個人化システム

私は、日本の教育を決して悪いとは思っていません。ただ現場では、先生たちは何もしないほうがいいと思います。ある意味、放牧場の管理人くらいの気持ちでちょうどいいと思います。ただし、その放牧場はきちんとデザインされている必要があります。

私の最初のキャリアは、日本の塾から始まりました。システマティックにカリキュラムがつくられていることに、ものすごく感動したことを覚えています。というのも、長年学んできた海外・国際系の学校では、ずっと放っておかれているように感じてきたからです。それが本当に嫌でたまりませんでした。国際バカロレア（スイス・国際バカロレア機構が提供する国際的な教育プログラム。International Baccalaureate 略してＩＢ）にしてもＴＯＫ（Theory of Knowledge・知識の理論。国際バカロレア資格の取得プログラム）にしても、あまり好きではありませんでした。

仕事で塾に入ったのは、「日本型教育とはそもそも何か？」を知りたかったからです。また、ジャパン・アズ・ナンバーワンがどうやって生まれたのか、とても興味がありました。

現場で見たのは、本当に完璧に作り上げられたシステムと教材でした。その通りにちゃんとこなしていけば、東大も夢じゃない。どこの塾に行こうが何をしようが、基本的には同じクォリティが提供されている。それは本当に衝撃でした。

ところが3年ほど経つと、それが子どもたちに脱個人化を求めているのだと気がつきました。「考えちゃダメだ、言われたとおりにしろ、疑問をもってはいけない」という感じです。そうすると、私自身がしんどくなってきました。自分の方が先にしんどくなってしまったのです。

もし、病人に食べさせるのであれば、きっとステーキよりも、おかゆのほうが体にいいだろうと考えて、普通は用意をするでしょう。でも日本では、勉強したくないのに「ステーキ食えー！」といって食べさせている感じです。「食べたらなんとかなる」という感じで、思考停止しています。

本来、モチベーションが高いときに効果が最大化されるのが教育。これが大前提だと思います。ですが、日本ではモチベーションコントロールを完全に無視しています。これは塾だけではなくて、学校もそうです。おそらくは高度経済のころ、たくさんの子どもがいた時代に、効率よく選別化することが求められたシステムなのだと思います。でも子どもが半分以上減ってしまった今では、もはやその必要はありません。でも、どう変えたらいいのか分からないので、同じやり方をやっている。そんな感じではないかと思います。

特に今の先生たちは、高度経済成長のピークのときに受験戦争を勝ち抜いてきた人たちです。そこに最適化されているので、要はピュアなのです。純粋化されすぎて、選択肢が他にないという状態に陥っているのです。

それでも「何かがおかしい」「このままではいけない」と気づいている先生たちが、今たくさんいます。なぜ、教育という道を選んでここにいるのか。その問いを自らに投げかける人たちです。子どもたちが本当に自分らしく、生き生きと人生を歩むために何を手渡せばいいのか。個人の色を打ち消すのではなく、さらに豊かに拡大させるにはどうしたらいいのか。

他の誰とも違う視点や感性、特性を認めて励ます。生徒のチャレンジを邪魔せずに、励ます。そんな先生が、もっと増えてほしいと思っています。

安心して失敗できる場所であれ

常識をぶち破るのがリベラルアーツの真髄

海外と日本の教育の良さをすくい上げて、一つにできる。それが私の強さです。ＭＩＴしかり、スタンフォード大学しかり、世界中の教育のいいところ取りするのが得意なのです。日本人の強さを一言で表すなら、「ＴＴＰ」。〝徹底的にパクる〟良き部分を素直に認め、編集して高めるスキルです。

ヨーロッパから見ればファーイースト。全ての文化が最後にたどり着く国が日本です。箕面高校では、日本型教育とヨーロッパ型、アメリカ型教育をミックスしました。アメリカの教育は、コンテンツの弱さが目立ちます。対して日本には優秀なコンテンツがたくさんあります。特に教科書に関しては、極めてよくできているのです。

ただ、日本は前提となるマインドセットがすっぽりと抜け落ちているのが残念でなりません。最低限のアカデミックなスキルを教えることなく、勉強をさせていることもそうです。

例えば、ロジカルシンキング（論理的思考）、クリティカルシンキング（分析的思考）、ノートテイキング（自らの思考をビジュアルとして表現するノートの取り方）といった内容です。いわゆる海外のトップ大学のファウンデーションや、リベラルアーツで扱っている内容が、全く授業に入ってません。

日本では、リベラルアーツというと「教養」と訳します。ですが、本当は違います。明治時代の思想家で西周《にしあまね》という人がいます。哲学という言葉をつくった人なのですが、漢籍を学び、英語を日本語にした方で、教育思想の専門家です。彼の言葉を借りると、リベラルアーツは、「藝術」です。まさに「芸の術」。アーツは術、技。リベラルは自由になるための技、というわけです。

ブレイクスルーするためには、最低限のリテラシーが必要となり、多様な視点が求められます。それこそがまさしく「芸」だと、西周は言っています。これはある意味、世阿弥が記した能のセオリー『風姿花伝』にも通じる話だと思います。

音楽や演劇もそうですが、芸能には広範囲の知識が必要です。単に座学だけ受ければよい、という話ではありません。以前、リベラルアーツはなぜ、フリーダムアーツと呼ばれないのかを考えたことがありました。フリーダムとリバティでは、意味が全く変わります。

フリーダムは、制度内における自由。リバティは「本質的な自由」と、定義することもできます。「本質的な自由」の対照言語は、共同幻想である「常識」。ここでいう常識とは、私たちが勝手に信じている共同幻想です。この共同幻想たる「常識」を、どうやってぶち破るのか。それがリベラルアーツの真髄なのです。

そのためには、古代ギリシャに由来する自由七科という科目が欠かせません。具体的には、文法学・修辞学・論理学の3学、算術・幾何（幾何学、図形の学問）・天文学・音楽の4科です。これらは、人類が本質的な自由を得るために、不可欠な要素だと思います。

人を、次のステップに上げるときに必要なものとして、古代ギリシャ時代から脈々と受け継がれている、重要な7つの科目なのです。それらを身につけて、社会貢献する人のことを「コスモポリタン」と定義するというのは、今でも国連の基本的な考え方です。ただ、こういった定義づけをしたことのない人が多いので、あまり理解されていないだけなのです。

禅問答というリベラルアーツを捨てた日本

単なるマネーゲームではなく、その先にある未来を見据え、ビジョンを生きる子どもたちを育成するためには、リベラルアーツが欠かせません。今の日本の大学にある一般教養とリベラルアーツは、全く別のものです。リベラルアーツは、本来対話から生まれるもので、少人数が前提です。ですが、日本の大学では、数百人規模のクラスが存在しています。

古来より日本には、禅問答と呼ばれるリベラルアーツがありました。それを費用対効果が悪いこと、先生が足りないという理由から、高度経済成長のときに捨ててしまいました。一番良いところを、日本はこのときに失ったのです。

そして今、アメリカは今後のリベラルアーツをどうするかという転機を迎えています。費用対効果が悪いリベラルアーツカレッジは、潰れていくところと極端に成績が上がり始めているところと、大きく二極化しています。アメリカだけでなく、世界中で「リベラルアーツをどうするか⁉」が大きな課題となっています。

おそらくノアプロジェクト的な発想でいくと、この重要性に気づいている人たちは、何があってもリベラルアーツをやめません。ドラマをやってみたり、演劇をしたり、音楽をしたり……こういったことをやめる人たちは、まずいないでしょう。ですが二番手・三番手のマス化された人たちは、「こういうものはもう要らない」「役に立たない」「とりあえず稼がないと」と捨てていく可能性があります。近いうちに、二極化する面白い世界がやってくると思います。幅広い知識だけでなく、「生の体験」や「感動の共感」など、人類にしかできないことこそが、新しい時代を切り拓く「リベラルアーツ」なのだと改めて感じています。

お金儲けでなく、よりよい未来を目指すビジョンをもつ子どもたちを育てる。そのためにもう一つ必要なことは、ソーシャルイシュー（一般社会の課題）をきちんと見せることです。いま、目の前で起こっている問題から子どもたちの目をそむけさせてはいけません。

簡単にいうと、まずは隣人が困っていることを、具体的に解決する体験をさせることです。大きな社会問題である必要はありません。例えば、隣の人がこんなことに困っている。これをどうやって解決しよう？　と考えることから始めるのです。これはまさにＭＩＴのアントレプレナーシップ・センターでも提唱されている「隣人を愛せ」という哲学の実践でもあります。

失敗してもいいから好きなことをさせる

どれほど便利な時代になろうとも、社会の問題は必ず生まれます。今の学校では、対話ができません。というよりも、正確に言うと、「対話をさせない」デザインになっています。対話をすると、社会全体に対する問題意識が強くなり、今の既得権益者にとって、不都合な人たちが生まれることになる……そんな風に思うのは、私の考えすぎでしょうか。

とにかくみんなが前を向き、先生の方しか向かないようにつくられています。あの教室のつくりでは、対話をするのは困難です。本当にうまくつくっているなと思うのです。

だからこそ、箕面高校の図書館はその逆を狙いました。対話をしやすい空間をつくり、みんながそれぞれに対等な立場で議論をする。それは先生も生徒も含めて対等、という意味です。

私のプレゼンテーションに、こういう言葉があります。

「皆さん目を閉じてください。

自分が18歳とか15歳のときに、
自分の今の歳の大人見たとき、どう思いましたか？
頭固い、ダサい、古い、で、臭いって思ったでしょ。

私も思いました。

もう私たちは、そう思われているんですよ。

だから、積極的に出ていっても、ウザいとしか思われません。
子どもたちに任せましょう」

要するに、大人はリスクヘッジをする。子どもたちには、失敗してもいいから好きなことをさせる。それが一番ということです。

今、タイでも少子高齢化が始まっています。何が起こっているのかというと、街が若返ってエネルギッシュになりました。この国では、老人を大事にするのはなく、40～50代にどんどん投資をしています。その世代がどんどん仕事してくれないと、社会が保てないからです。彼らがきちんと儲けたり、社会貢献することが遠因として、老人たちの生活を保障することになるのが分かっているのです。面白いのは、エスカレーターが異様に早いこと。これは、仕事をする世代に合わせている証拠です。

タイは緩衝国です。権力の緩衝になることで、何とか独立を担保してきた、いわゆる現実主義者の集まりなのです。だからこそ、社会を何とか持たせるためには、そういう若い連中にがんばってもらわないとだめだということを知っています。それで若者と子どもたちに、どんどん投資をしまくるのです。日本も本来は緩衝国だったはずなのですが、不思議なことだと思います。

組織と人を動かす安心感とは

日本でよく聞くフレーズですが、機会は均等です。私も均等にプレゼンをしますが、反応してきた人たちに対しては、徹底的に集中投下します。最初に反応を返してくれるのは、アーリーアダプター（新しいものをいち早く受け入れる人たち）です。その0.5～8%くらいの人たちが、本当のコアなファンなのです。私の哲学やマインドを理解できるのは、まずその人たちからです。そのうちに、彼らは勝手に自分たちでチームを作り始めます。

少数派のアーリーアダプターがいると、その近くには、彼らに共感する人もいます。そのほかの8割くらいの人たちは「どうしようかな」と見ています。見ている人たちは、よさそうだと思ったらついてくる人たちです。その人たちはあまり気にする必要はありません。

一番大切なのは、最初のコアな人たちに集中することです。箕面高校でいうと、最初のボストン留学に来たような生徒たちです。いくつかのプロジェクトを作っていく中で反応する子どもの中でも、特にインフルエンサーになる子たちが徐々に現れます。そういう子は、必ずやって来ます。想いにあふれて自分からやって来るのです。

職員室でも基本は一緒です。ただ、私は生徒にも先生にも、反応しない人に対して強制は絶対にしません。それぞれの先生たちにいいところがあります。生徒にもいいところがある。当然、これをしたくない人もいるわけで、そういった人権と哲学は大切にされなくてはいけません。ただし、批判はいいけれど、お互いに非難するのはやめましょうね、とは言います。そうなればみんなが居心地いいし、居場所ができます。みんなにとって居場所がある、という安心感がない限り、組織は決して動きません。

学校は自分がどんな人間かを知る場所

学校とは、安心して失敗できる場所。それぞれの天命に気づける場所。私はそう思っています。人は失敗したときに初めて、自分とは何かを知ります。同時に、対話によって「対象化された自分」を知るのです。この、「対話によって対象化される」という行為が、日本では抜け落ちています。

例えば、こんな経験をしたことはありませんか？　彼女ができたときに、自分のくだらない部分が分かる。あるいは、彼氏ができたときに、自分がどれだけくだらない人間かが分かる。これは恋愛に限ったことではなく、人は対話によって自分がどういう人間かを、合わせ鏡にして発見するということです。

この体験に満ちているのが、学校という場所の良いところだと私は思います。これは脈々と人間が追い求めてきた仏教にも通じ、哲学にも通じています。「なぜ、ここにいるんだろう？　なぜ、生まれてきたんだろう？」という問いにつながっていくからです。

私自身、いまだに自分がどういう人間なのかを分かってはいません。人に定義されて初めて「へえ、あっ、そんな風に見えてたんですね」という感じです。自分では「そういうつもりじゃないんだけどな」と思ったことはありませんか？　自分では普通だと思っていても、周りから見ると、ただの変わり者という場合もありますね。私の場合は「すごいね」と言われても、何がすごいのかよく分かりません。なぜなら、今できることを普通にやっているだけなのですから。

学校も会社も社会も、「お前が悪い」「あいつが悪い」といった会話でイキイキしています。これは、対話をすることと、対象化して自分を知るための対話の使い方がすっぱりと切り離されている状態です。

本来、学校とは、安心して失敗できたり、自分がどんな人間なのかを開いていくプロセスを体験する場所です。子どもたちが自分らしく生きていくために、その哲学を育む環境を整えることは、とても大切なことだと思います。

弱否定がつきまとう日本の不思議な会話

今の工場生産型の社会で、極めて日本らしいなと思うことがあります。「どうなりたい？」「今日どう？」と聞くと、「普通」と答える人がいることです。

「今日の気分どう？」「普通」というやりとりは、私から見ると会話として崩壊しています。英語でいうと、Usually（普通）という答えはありません。ノーマル、と答えた日には「じゃあ、基本的にはアブノーマルなの？」ということになってしまいます。英語には、普通という言語はありません。

ですが、ハッピーやファインならあります。ファインは、イケてるという意味です。でも、「イケてる」と答えると、日本では怒られそうな雰囲気も感じますね。「調子に乗るんじゃない！」と言われそうなイメージです。また、「頑張れ」は、日本では「ファイト」という言葉になります。「戦え！　やってしまえ」という感じですね。とにかく、極端で興味深いのです。

話を戻すと、英語の表現で「普通」という答え方はありません。他の言語、タイ語や中国語でも考えたことがありますが、よい・悪いはあっても、「普通」という言葉はないのです。よい・悪いを名づけたくない、ということなのでしょうか。何か言え、と言われても名付けない・表現しない。そう考えると「普通」という言葉は、弱否定にも思えます。

それは「いかがなものかと思う」という言葉と同じです。私からすると、プラスには聞こえません。よい・悪いのどちらでもない、意思表示の「ない」状態。「ない」という否定の言葉は、全体的にネガティブな雰囲気になるのです。

それなら「ちょっといいことあったよ」と言うほうが、よりいい言葉になると思います。私はいいことがあったり、返事をするときには、親指を上に立てて《サムズアップ》をするのですが、それを見た人はびっくりします。すごくいいことがあったように見えるらしいのです。珍しいでしょうか？　私にとっては、これが「普通」なのです。

生徒と学校経営にかかわる時代へ

極論を言うと、これからの学校は、運営・経営を生徒と一緒にやっていくのがベストだと考えています。実は箕面高校でも、お金と人事以外に関しては、生徒たちに「職員会議に入ってほしい」と思っていました。

席の決まっていないフリーアドレスの職員室で、先生たちの会議は全て公開型にしました。箕面高校では誰が聞いてもいい、というスタイルで管理職の会議もオープンです。究極をいうと、そこに生徒も入ってほしかったのです。そのことについても、先生たちと話し合いをしていました。最初は、「生徒に聞かれたら……」と言う先生がいたので、「生徒に聞かれてはいけない話をしているのですか？」と聞きました。箕面高校の職員会議は、原則公開です。保護者に聞かれようが生徒に聞かれようが、議論そのものを聞かれてまずいような話をする会議ならば、やめたほうがいいと思ったのです。最終的にリスク管理と整理が追いつかず、実現には至りませんでしたが、先生たちとの信頼関係のもと、たびたび議論を交わしていました。

結局のところ、全員がチームにならない限り、強くなりません。先生と生徒という関係では、対立構造が生まれてしまいます。それならば、一つのチームとして機能すればいいと思います。生徒たちが、オーナーシップを持って決めて行動する。私たちは、それをサポートする。学校は本来、そういったことを実験できる場所です。やってみる価値は大いにあると思います。

自由と責任を奪われてひきこもる子ども

不登校に悩む保護者の声をよく耳にします。子どもという時期に何が大切なのかというと、自分の意思で決めるというプロセスを経験することです。要は、親が決めるのではなく、自身で決める・決断する自分になるということです。

一概には言えませんが、不登校に陥る子には自己決定権のない傾向があり、中にはがんばって勉強して、バーンアウトしてしまう生徒も少なくありません。時には、習い事を詰め込んでいたりもします。要するに、子どもに決めさせず、親がその権利を取り上げてしまっているのです。

自分が何をしたいのか、よくわからないままに思春期へ突入し、気づけば自分で決められない状態になってしまう。選択できないのだったら、もう引きこもってしまおう。子どもたちがそう感じたとしても、おかしくはありません。

我が家では習い事をすすめてはいませんが、本人がしたいと言ったものはさせます。続けているのは少林寺とピアノ、水泳です。この前「水泳が楽しくない」と言うので、「なら、やめよう」とやめた途端、怒り出しました。「言ったのはキミだよ。言った以上は責任取りなさい。知りません」と返しました。それでもあれこれ言いますが、「知らない。1回言ったらそれは自分で決めたということ。もう大人の世界なのだよ」と言います。これもまた勉強なのです。

もう一つ、耳にしたことを鵜呑みにする人が多いのも不思議なことだと思います。なぜ、自分で情報を調べないのでしょうか。ここで重要なのかは、正しいか正しくないかではありません。ましてや先生が言ったから、上司が言ったからでもありません。

誰かが言っているからではなくて、自分の価値観で調べる。そして、自分が選択すべきかどうかを決めるということです。日本では、自分のフィルターを通して物事を見ることを教えません。生徒には、「20年前の価値観で話しているのだから、簡単に信頼してはダメだよ」という意味で、「私たちを信用するな」といつも話しています。

自分で調べて、自分で考えて、自分で決める。子どものプロセスとその権利が、存分に謳歌できる。その場所を奪うのではなく、守るためにできることは何か。学校や家庭、それぞれの立場から考える必要があると思います。

チーム・ビルディングの極意

力のないマネージャーと経営者

校長として、箕面高校で始めたチーム・ビルディングは、先生同士の関係性を再構築し、生徒のチャレンジ精神を引き出し、成果をもたらしました。

校長の役割は、マネージメントです。例えば、「もっと利益を考えろ」「失敗するな」「効率を上げろ」と現場で言い続ける、いわゆる管理型のマネージャーがいます。私の場合は基本的に、利益は必ず上げますが、それは現場ではなく、こちらが考えることだと思っています。要するに、利益が上がるかどうかは、マネージメント側が考えることなのです。

マネージャーとは、ミッションベースと、社会のマーケットベースで物事を判断し、それをどうやって合わせるのかを考える仕事です。そして現場の人たちはというと、いま自分たちができる最大のポテンシャルを発揮してもらうだけでいいのです。

前近代型の時代では、マネージャーがストーリーを決めて、それをさせるというやり方でした。でも今は、現場の人たちが考えたことをマネージャーが理解して、それを外側に発信し、売れるようにデザインするのが仕事です。

だから「戦力が足りないから改革できない」、「メンバーがダメだから無理」、「社員がしょぼいから無理」、「お金がないから無理」というのは全てマネジメントサイドに力がないだけです。現在、与えられた戦力で最大限の効果とアウトカムを出すことこそが、マネージャーの責務です。できないのは自分の責任です。それができないなら、マネジメントの責任者や社長業はやめたほうがいいと思います。例えば、会社の売り上げが上がらなかったり、現場のパフォーマンスが上がらないのは、決して社員のせいではありません。

グリーンベレーというアメリカの部隊をご存知でしょうか。言語も文化も異なる人たちの中に入り込み、精鋭人材に育成するチームです。言葉も通じない環境で、「相手がダメだから」「使えないから」と彼らは言うでしょうか？　どんな環境でも、彼らは掲げたゴールを達成します。あとは何から始めるか。それを考えて実行し、トライアンドエラーを重ねていくだけです。箕面高校は、まさにこうして始めたチャレンジでした。

戦力がどうであれ、まずは生き抜くこと。そこにある戦力でやれることを考えるのが、経営者の仕事です。やれること・できることを考え、戦力を最大化するのが真のマネージメントなのです。

自分の人生の「経営者」として生きる

では、組織のメンバーとしてチームをつくるときには、どうすればいいか。私なら、ポジションに関係なく、例えばどうやって出資してもらうか、やりたいように自分の社会を構築するか、そのためには誰がどういう戦力として使えるかを考えます。

会社員であっても当然、マインドセットは必要です。雇われていると感じている段階で、それは単なる常識、ただの共同幻想です。常識をブレイクスルーには、上司が馬鹿だ、社長が頑固だと文句を言うのではなく、全員が主人公であると捉えることです。そして、この舞台装置の中で働いてもらうために、社長や責任者には、何をしてもらうのかを考える。それが究極の戦術なのです。

例えば、社長や上司の求めることを満たすために、この部分の仕組みをこう変えてあげようかな？　と考えることです。気分よく仕事をしてもらうためにこうしよう。この人にはここが刺さるので、こう話そうか。そんな風に、相手のキャラクターによってアプローチの仕方は変わります。どうしたら喜ぶかな？　ここの飲み屋に連れていったら、話を聞いてもらえるかな？　と考えながら試していくのです。そうなると、その時点であなたは、自分の人生の「経営者」としてその舞台に立っていることになります。

要するにポジションは関係なく、社長・上司と同じところにいましょうよ、という話なのです。もし、こうやってみんながそれぞれの経営者になったら、私のやることはなくなりますが、それでいいのです。それが理想です。

私が奈良学園にいた頃は、まずは有志の先生方に「ちょっとこういうことをやってみませんか」と、声をかけることから始めました。校長先生には「こういうことをやってみようと思うのですが、校長先生がしたかったことですよね」とプレゼンテーションをしました。すると「そうだね」と話が進み、気がついたらプレゼン大会をすることになりました。気づけば、社会見学も全部生徒が主導でやってしまうなど、みるみるうちに変わっていったのです。

管理職になると、必ず説明責任が問われます。その材料を用意すると、彼らはとても助かるのです。「そう、私はそれをしたかったんだよ」と素直に喜んでもらえるのです。

こちら側だけがしたいことではなく、管理職側もしたいこと。それを同時にどのようにマッチングさせるかがポイントです。合わせて、どうやってストーリーをつくるのかも大事になります。そうやって、一つひとつ丁寧に整理をしていくと、誰でもやりたいことができる環境が確実に整っていくのです。

自分がリーダーでないときは、リーダーが何をしたいのかを見ること。もう一つは、自分が何をしたいのか、それをどうやってマッチングさせるかを考えること。この2点が大切です。いわゆる「三方よし」で、管理職とお客さんと自分がしたいことを全部、最大公約化するのです。それらを一つのパッケージにすることができれば、あとはスムーズに叶います。そのためにもオープンマインドで、本音で議論できる場が重要なのです。

オープンマインドは、相手の立場に関係なく、自分の意見を丁寧に伝える行為です。誰とでも本音を共有する、態度と行動のあり方です。抽象的な話をしたがる人が多いのですが、何事も具体的に行動に移さない限りは前に進みません。オープンマインドとは「人との境界線を外すためにどういう行動をするか」というあり方と実践なのです。

嫌な人も好きな人も全員が必要

目標を達成するためには、いろいろな人がいるべきだと私は思います。というのも、感情的に嫌な人もいれば、好きな人・微妙な人もいるのが人間社会の基本だからです。

「あの人が嫌でたまらない」と思うことがあるかもしれません。でもそう言っていても、状況は良くはなりません。その人を、好き嫌いといった個人的な感情で判断するよりも、チームの目標達成の材料として捉えてみてほしいのです。

私が、どんな相手であっても、まずは「お話を聞かせてください」という姿勢で向かう理由は、人にはそれぞれに個性と考えがあり、そこに対する敬意を払いたいと思っているからです。ここは全くダメだけど、ここには力がある。そう思ったら、その部分に対して敬意を払ってお願いする気持ちが生まれます。とにかく、この人のいいところはどこかな、とずっと探しているのです。なかなか見つからないときもあります。あえずここだけやってもらえませんか？　という風に、部分だけでも巻き込みます。人は役割を与えられると嬉しいものです。それをきっかけに、その人が化ける可能性があるかもしれません。

行事もできない、授業もうまくない。保護者ともよく揉める先生がいたとします。いろいろな人が「あの先生がダメだ」と言っていても、いや、この先生は生徒の話を聞いてあげられます、と言えるかどうかです。人と同じように「この先生はダメだ」と言ったところで、状況は何も変わりません。「しょうがないな」で私はいいと思います。そしていいところを一つ見つける。それが重要です。

例えるなら、自分の子どものような感覚です。もし自分の子どもなら、どれだけダメに思えても「もうこの子はダメだ」とは言いたくないと思いませんか。一つくらいはいいところがあるはず。それを見つけたい。そう思うのではないでしょうか。

ですが、それを難しくさせている現状も理解できます。日本の会社を見ていて一番まずいと感じるのは、ディスコミュニケーションであることです。要は、ちゃんと腹を割って話をしていながいました。

いのです。そう話すと、「本音を話すのが怖い。言う前からあきらめてしまう」と教えてくれた人

ここでいう「怖い」という言葉には、２つの意味が含まれていると思います。おそらくは経験したことがない怖さ。もう一つは、責任が取れないという怖さです。

「責任が取れないから怖い」は、上に取ってもらうしかないので、その安心感がまず必要になります。ですが、「経験をしたことがないから怖い」は、ただの食わず嫌いです。自分自身のことなのです。怖いと思ったときはチャンスだと思ってください、とその方には話しました。ほとんどの人は、最初は何でも怖いのです。

私も昔は怖かったです。ただ、チャレンジを繰り返している間に、失敗してもなんとかなることがわかってきました。大変は大変です。ですが、それを乗り越えたら、楽しいことが必ず待っていることがわかってきたのです。そういうことを2、3回経験すると、「怖いということは、きっとこの後で楽しいことがあるはずだ」と脳が勘違いをするようになっていくのです。

お化け屋敷も最初は怖いです。入ったこともないし、中では誰かが叫んでいます。でも何回か入ると、おそらく慣れてくるでしょう。同じようにジェットコースターも怖いけれど、何回か乗っているうちに快感になったり、あまりにもたくさん乗ると、最後には余裕を感じるくらいになることでしょう。それと同じです。怖いことは、たくさん経験して慣れた人の勝ちなのです。

社長も会社員もただの役割

ある集まりで「社長って偉いですよね」と話す人がいました。私はそこで「社長は役割です」という話をしました。これは本当のことで、基本的に仕事をしている点で、上も下もありません。単に、責任を取ること、説明責任を問われるのが社長の役割であって、その分リスクを背負っているから給料が多いだけです。そのこと自体は偉くもなんともありません。偉いから給料が多いというのは、前近代的な資本主義社会の発想です。

中には、社長がお金を払っているから偉いと思う人がいるかもしれません。ですが、社長が払っているお金は、そもそもみんなで稼いできたお金です。それを公平分配するのも、社長の単なる役割ではないでしょうか。社長の取り分だけとって、あとはみんなで給料を決めればいい。これからはそういう時代になると思います。

わたしは元々、モチベーションコントロールと組織論が専門の人間です。組織をどうやって潤滑に動かすか、意思決定する際にどうやったら組織が合意に至るか、そういうことばかりを研究してきました。コミュニケーションを丁寧に積み上げることをみんな省略しがちですが、本来は逆です。

海外の学校の一部で導入しているのが、到達状況を評価するための評価基準・ルーブリックです。要は、自分の設定目標を、経営者と決めるわけです。というのも、人には成長したい年があれば、マイペースでいきたい年もあったりします。そのときの自己達成目標を、経営者と何回も話し合って決めていきながら、少しずつみんながステップ・バイ・ステップで成長していく。それが会社のあるべき姿だと思います。人のキャリアとは、本来そういうものではないでしょうか。キャリア＝職業だと、多くの人が勘違いしていますが、キャリアとは結局、轍《わだち》だと私は思うのです。

どうあるべきか、ありたいのかを経営者と話し合って決めていく。それぞれが自分らしく、成長できる社会をつくっていく。本来、学校も企業もそうあるべきだと思います。

仕事とは芸術そのもの

仕事は「芸術」だと思います。タスクでＴｏＤｏになってしまうと、やらされている感覚が出てくるかもしれませんが、その人のセンスはそのまま仕事に出るものです。モチベーションも出るので、見ていると「あ、この人はダメだな」というのがすぐに分かったりしませんか？　営業職でも、製造業でも、学校の先生においてもみんな同じです。

面白いと思ったのが、中国でパイプ会社をしている社長さんの話です。その方は中国で起業したのに、日本に帰ってきて製造しているというのです。

理由を聞くと、中国人は設計書通りに作ることはできる。でも、例えば気温とか湿度によって、微妙に調節することはできない。そういうのは、日本人にしかできない技だというのです。

例えば、原子力発電所の配管といったレベルになってくると、設計書以上の強度も求められてきます。それをつくるのは今の中国では無理だと。おそらく今後も難しいのではないかという話でした。ここまでくると、日本の職人のセンス、日本人が持つメンタルの領域の話です。聞いていて、なるほどと思いました。

自分の仕事をアートだなんて思えない……という人は、まずはとことん極めてみればいいと思うのです。コールセンターの仕事であれば、それが芸術の域になるまで、徹底的に極めたらいいと思うのです。

単純だった私は、塾に入ったときは、やるのならとりあえず1位を取らなきゃだめかなと思いました。奈良学園では、校長ではありませんでしたが、とりあえず学校の中で一番できる人間にならないといけないなと思いました。箕面高校では、日本で一番イケてる校長先生にならないといけないないなと思いました。

一番が一番いいとは思いません。でもとりあえず、その仕事を極めたらいいと思うのです。それは社長のため、上司のため、組織の利益のためではありません。目の前の人の笑顔のため。誰かの笑顔のためです。私はそれを見るのが、とても好きなのです。

松下幸之助ではありませんが、日本の会社員は本来、お客さまを見続けてきた存在です。それがいつの間にか、生産者側の論理が先行し、どうやって売り上げるかを話しています。だから、本当にお客さんの顔を見て仕事している人が、今一番潤っています。中小・大企業関係なく、こういった二極化はもっと顕著になっていくと思います。

人生のオーナーシップを自分で握る

資本主義は何のために存在するのでしょうか。

資本をより循環させることによって、経済規模を大きくして「飢えをなくす、幸せになる」というのが本来の目的です。それぞれがディフェンシブになって、お互いにけん制しあっている。そんな今の状態は、資本主義としては最悪です。本来の資本主義とは、みんなで持っている財・資本を誰かに渡して、その人がまた新しく成長し続ける社会システムだからです。株を売買して儲けたという話を聞くと、「いやそうじゃないですよ。資本主義とは何か知っていますか？」と問いかけたくなります。これは哲学そのものが、いろいろな意味で存在していない状態です。

例えば、会社の研修に呼ばれたときに「今の仕事は楽しいですか？　その楽しさを説明してください」と話すと、会場がシーンとして、凍りついてしまいます。「あなたのしている仕事には、どういう意味があるのですか？」と聞くと、みんな黙ってしまいます。「楽しい理由を３つくらい説明してもらえませんか？」と言うと、もう誰も話してくれません。

要するに楽しくないのです。それなら辞めたらいいのにと思うのですが、「生活があるから」と返ってきます。「生活があるのだったら、改めて違うことをやってみたらどうですか？　飛び込んでみたら意外となんとかなりますよ」といった言葉を投げかけます。

それこそ週末のボランティアで、自分のしてみたかったことを、お金をもらわずにやってみてもいいわけです。「個人の自由なのでやっても構わないのですよ」と言うのですが、反応はそれほど高くありません。

いわゆる「そもそも」が抜けているのです。要は「なぜ、仕事をするのか？」という哲学です。「そもそもなぜ、あなたは今ここにいるのですか？」「そもそもなぜ、その仕事をしているのですか？」といった問いの答えが、すっぽりと抜け落ちているのです。

中には、お金にならないことをするのは、非生産的で無駄だという人がいます。特に経営者がそう思っている会社では、時間と効率だけがフォーカスされがちです。

私は、無駄がいっぱいあったほうがいいと思っています。無駄が一番大事です。なぜなら、無駄な経験から新しい仕事が生まれたり、その人のキャラクターの幅も広がるからです。

効率化は進めれば進めるほど、どんどん純粋化されて、変化に対応できない体質になります。短期的には、利益は上がり続けるかもしれませんが、いつか売れなくなる日が必ず来ます。要するに、新しいマーケットが生まれたときに対応ができない組織になるのです。

だからいろんなチャレンジを続けて、社員・社長の幅を広げ続けることが、会社にとっては何より重要です。箕面高校でも、ジャンジャン無駄をしましょう、そして早く帰りましょう、と言っていました。無駄という概念を取り去り、チャレンジ自体を褒めて励ます。そんな会社や組織が、これからの時代を牽引すると私は思います。

社長だろうが、社員であろうが、それぞれの役割と考え方を尊重し、意見を自由に交換する。違いを認め合い、人生のオーナーシップは自分自身で握る。誇りをもって、人生を生きる。誰かの笑顔のために、がんばろうと思う自分。私が教育現場に残っているのは、そんな未来をつくるためなのです。

なぜ、自分はここにいるのか。

その理由を胸に、自分の人生を生きるとき、人はまだ見ぬ新たな道を歩み出します。

どれだけ怖くても、
失敗が続いたとしても、
チャレンジをしましょう。

人生のオーナーシップは、いつでもあなたの手の中にあるのです。

巻末

本書によせて

留学生活を支える箕面高校でのマインドセット

山本つぼみ

大阪府出身。２０１４年４月府立箕面高校に入学。２０１６年１月、同校開催の冬季キャンプに参加。来日したハーバード生に影響を受ける。２年生のときにアメリカの大学への進学を決意し、全身全霊をかけていたダンス部を退部。土曜講座と独学でＴＯＥＦＬのスコアを30点台から88点に伸ばす。２０１７年３月卒業後、米コネチカット州のリベラルアーツの名門・ウェズリアン大学から合格通知を受けとり、同年９月に渡米。

土曜講座に参加しようと思った理由

入学してすぐに土曜講座が始まるのを知り、すぐに応募しました。もともと英語ができなかったので、英語力を伸ばしたいと思ったからです。1回目の授業が終わった後、日野田先生が「なぜ、誰も手を挙げて発言しないのか」と言うのを聞いて「なんだろう、この先生は」と驚きました。

なぜ怒られているのかもわからなかったし、そのときには、校長先生が授業に参加していることにも違和感を感じていました。まず、校長先生は校長室にいるもので、生徒と接することのない存在だと思っていたからです。でも話を聞いているうちに、この先生は生徒と同じ目線で授業を見ているのだとわかりました。今までの先生とは、何か違うなと感じました。

土曜講座は、テスト期間中以外は毎週ありました。受けるうちに徐々に手を挙げる人がでてきて、私自身も発言できるようになりました。また、そういう空気を先生方がつくろうとしていることも感じました。授業は英語と日本語のミックスです。生徒同士がペアになって、ディスカッションする時間が毎回たくさんありました。授業が進むにつれて、さらに大きなグループでディカッションするようになりました。

大抵は先生がトピックを投げてくださるので、それについて話すという感じです。TOEFLの教材を使うことが多かったです。例えば二択の質問であれば、週末は家で過ごすのがいいか、外で過ごすのがいいかという質問があり、その理由を述べるというスタイルでした。

1年目の土曜講座での変化

当初は英語に対して、とても抵抗感がありました。理由は、中学でほとんど話す機会がなかったのと、「文法を絶対に間違わずに話さなくてはならない」という気持ちがどこかにあったからです。それが土曜講座の1年目で、完全にブレイクスルーしました。英語への抵抗感がなくなったことはとても大きかったです。

その頃はみんなまだ高校1年生で、お互いにでたらめな英語で単語をつないで、話していました。それでもディスカッションがちゃんとできることがわかったのは、とても大きかったです。1年目で英語への苦手意識は本当になくなりました。

もっとも大きな変化は、失敗を恐れずに発言できるようになったことです。土曜講座の授業では、間違っても全く否定されませんでした。逆に発言したことをすごく称賛されました。そもそも正解がない問題だったことがすごくよかったです。授業のディスカッションで話したことを、英文でエッセイにまとめて毎回提出していました。エッセイでは論理的な文章の構成を学びました。

2年目の土曜講座の集大成

2年生になると、土曜講座の前半からはTOEFLのスコアをいかに上げるかにフォーカスしていきました。先生たちが結果を出すことを意識していることが、授業内容からも伝わってきました。一方で後半からは、2年間の土曜講座の集大成となるプレゼンテーションの作成を行いました。

それはチームでのプレゼンテーションでした。チームごとに与えられた抽象的な単語から、好きなテーマを1つ選びます。「炎」というテーマを選んだチームや、「ローマ帝国」を選んだチームもありました。私たちに与えられるのはそのワードだけです。内容は自由に考えるのです。それがすごく楽しくて仕方がありませんでした。

まずはチームでブレインストーミングをしました。「何を話そう？」「どうしたら観客を惹きつけられるプレゼンテーションができるか？」と話し合いました。私のチームは「アップル」をテーマに選びました。ブレインストーミングでは、まず中心にアップルをおいて、そこからホワイトボードいっぱいに広げまくります。その過程で、黄金比と掛け合わせたら面白いのではないかと気づきました。

黄金比とは何かに始まり、アップルの製品に黄金比がどのようにつかわれて、アイフォンのフォルムをどのように美しいと思わせているのかという内容です。最終的には、そもそも「美」とはなんだろう？　何が美しいと感じるかはみんな同じなのだろうか？　という哲学的な内容にまで発展させました。

そうして全体が決まってきたら、順番に内容を考えます。イントロがあって、ボディがあって、コンクルージョン（結び）があって……という風に、1年生のときに学んだ構成をもとに、みんなで話し合って決めていきました。プレゼンの仕方も、どう見せたら観客を巻き込めるのかを考え、先生にも聞きました。

結果としては、見ている人にも喜んでもらえて、先生たちからもうれしい評価をいただき、自信につながる経験になりました。これが2年生の土曜講座を締めくくる、集大成となりました。

他のプレゼンテーションでは、小道具をつくってきたり、演劇を取り入れたチームもありました。もちろん全て英語で行いました。1年生の最初の授業では誰も一言も話さなかったのに、2年生の最後の授業では、全員が英語で自信をもってハキハキと話していて、自分を含めてみんな別人のようでした。

現実味を帯びた海外進学説明会

1年生の頃は日本の大学にいこうと思っていました。海外大学の進学を目指すようになった一番のきっかけは、1年生の終わりに日野田先生が開催した、アメリカのトップ大学を卒業した方を招いての海外進学説明会です。その方から海外大学に進学した経緯や、事務的な出願の仕方などの話を聞きました。

それまでは、海外の大学には日本の高校からは行けないものだと思っていました。でもこのときに初めて、日本の高校から海外の大学に行けることを知りました。とはいえ英語も全然できないし、たぶん無理だろうなと思っていました。でもその方に、海外の大学に行くほどの英語力はないけれど、学校の成績は良いと話すと、「じゃあ可能性はあるよ」と言われたのです。学校の成績がアメリカの大学の出願で使われることも、初めて知りました。

このときはまだ決められず、海外と国内大学のどちらも選択肢としてもっておこうと思いました。2年生になって、日野田先生とSETの髙木先生と話す機会がとても増えたこともあり、その中で本当に日本の大学への進学でいいのかなと思うようになりました。

1回目の冬季キャンプの価値

2年生の1月に箕面高校で行われた、初めての冬季キャンプに参加しました。ハーバードの大学生を高校に呼んでワークショップをしてもらうという、前例のないプログラムだったので、改善するためにどんどんフィードバックをしてほしいと言われました。

1日目は大学生と私たち生徒の間に壁があって、言いたいことを直接言えませんでした。ハーバード大というだけで萎縮してしまっていて、彼らの説明が分からなくても、それを伝えることができませんでした。2日目の朝、そのことをワークショップが始まる前に日野田先生に話すと、「相手がハーバードの大学生であっても、対等な目線に立って意見を言っていいんだよ」とみんなに伝えてくれました。そこからキャンプの雰囲気がガラッと変わりました。

たとえ彼らの言っていることがわからなくても、それは私たちの理解力が足りないだけではなく、彼らもわかるように説明しないといけないのだという考え方に変わりました。こういう風に説明してほしいと伝えると、彼らは本当に素直に対応してくれました。伝えたらいいだけで、口に出すまでのハードルが高いだけでした。実際にやってみて、相手の立場に関わらず、自分の意見を伝えることがいかに大切なことかがわかりました。この冬季キャンプは、彼らがつくったカリキュラムを受け取るといった、受動的なものではありませんでした。先生と海外大学生と生徒の3者で、お互いに意見を伝え合いながら作り上げていくワークショップでした。

最後は大学生のレクチャーから学んだこと、自分たちが調べたことを合わせて、他のチームに授業をするという形でプレゼンテーションをしました。授業なので、他のチームからの質問にも答えないといけません。ハーバード生とディスカッションを重ねながら、自分たちのトピックに理解を深めていきました。私たちのチームは、東アジア学専攻の日本オタクのハーバード生と「絶対領域に宿る精神性」をテーマに授業をしました。

海外大学への進学を決心

高2になって海外の大学受験を決めたとき、日野田先生からは「英語の実力は足りないから、そこは頑張らなくてはいけないよ」と言われました。ただ、部活が忙しいこともよくわかってくださっていました。

私の高校のダンス部は強豪で、週7日の練習をしていました。土日は毎日9時〜17時まで練習があり、帰宅する頃には疲れて全く勉強できず、気がついたら寝ていました。高2の時点で、TOEFLはまだ50点台でした。学校の勉強に加えて、SAT・TOEFLも取り組まなければいけなかったので、海外大学の受験と部活の両立は厳しかったです。決めるまでは半年ほど悩みました。ですが最終的には、入部したときの目標だった全国大会出場を達成できたことで、ここでやめても悔いはないだろうと思いました。日野田先生には、ダンス部をやめることは賢明な判断だと言っていただき、決めた後は全面的にサポートをしてくださいました。ダンス部の顧問の先生は、それがつぼみの決めたことなら、と同じく全面的にサポートしてくださいました。そして夏の大会を終えてから、全力でTOEFL対策に打ち込みました。

とにかく英語を伸ばさなければいけなかったので、SETの高木先生に全面的にご指導いただき、毎日夜まで自習室に残って1人で勉強していました。ダンス部の友達が楽しそうに踊っている姿を見ると、自分の選んだ道は正しかったのだろうか、という孤独感と不安感に耐えきれなかったです。気がつくと、問題集が涙で滲んでいることもありました。そんな風にメンタル的につらいときは、日野田先生に話を聞いていただきました。

出願に向けての準備

アメリカの大学は17校受けました。アメリカの大学受験では、10校以上出願することは珍しくありません。加えて、オーストラリア3校、日本3校を受けたので合計23校に出願・受験しました。アメリカの場合は、TOEFL・センター試験にあたるSAT・学校の成績・推薦書が必要です。これらの書類は共通で、エッセイが大学によって少し違います。TOEFLは2年生から、SATは3年生から受け始めました。そのスコアは高ければ高いほどいいので、どちらも5〜6回受験しました。

3年生になってからも、TOEFLとSATを受け続けながら、エッセイを書いたり、他に必要な書類を準備しました。3年生の10月から1月にかけて一気に出願し、1月からはアメリカの大学からの面接の案内を待ちながら、日本の大学受験の勉強をしていました。

プロセス全てが成長の軌跡

振り返ると、大学の出願でこんなにも成長できるんだというのが感想です。日本の大学だけであれば、これほど成長できなかったと思います。何よりも、自分のことを本当によく知ることができました。アメリカの大学への出願は就職活動と一緒です。自己分析をして、自分のアピールポイントをたくさんつくり、どうやって魅せるのかが重要なのです。

この年、箕面高校からアメリカの大学を受験したのは私だけでした。オーストラリアの大学を受験した人たちはSATもエッセイも不要なので、TOEFLに集中していました。SATは、日本のセンター試験でいうと国語と数学の2科目で、もちろん全て英語です。数学に関しては、日本人にとっては非常に簡単な内容だといわれていて、満点を狙うこともできます。国語は、英語での文章読解となります。

TOEFLのリーディングは、英語が第一言語ではない人向けなので、比較的簡単な内容でしたが、SATの英語のリーディングはネイティブのアメリカ人向けのテストで、次元の違う難しさでした。SATのテキストを初めて見た瞬間、これは無理だと思いました。正直、絶望しか感じられませんでした。それでも地道に勉強を続けることで力がつき、受験するごとにスコアも少しずつ上がっていきました。

私は全て独学での勉強です。そもそも塾が嫌いで、高校受験のときも塾は行っていません。誰かに勉強しなさいと言われるのが、とにかく嫌な人間だったのです。やれと言われたことは、逆に絶対にやらない頑固さを両親もわかっていて、今まで一度も勉強しなさいとは言われたことはありません。とにかくSATは、本当にしびれるほど難しかったです。ですが、高木先生や数学の先生にサポートいただき、なんとか乗り越えたことで自信がつきました。この自信は、大学での勉強にも繋がっています。

足りないままのTOEFLスコア

1年生のときのTOEFLスコアは30点台です。通常の1年生なら平均的なスコアでした。そこから出願のぎりぎりまで粘り、最終的には88まで伸びました。ですが、第一志望のウェズリアン大学は、100のスコアが必要だといわれていました。でもここからあまり伸びず、TOEFLは結局88のまま出すことにしました。

80点台でアメリカのトップ大学に合格した人の話は、聞いたことがありません。このときには、もっとTOEFLの勉強を早くすればよかった、1年間の高校留学に行けばよかったのかもしれないと、後悔ばかりしていました。ウェズリアンから合格通知をもらうまでは、そんな感じで毎日を過ごしていました。

エッセイでの挫折

出願に必要なエッセイは、全大学に共通で出すものと大学ごとに違うものと、2種類があります。自分のアイデンティティや、私はあなたの大学にこうやって貢献します・こういう付加価値を提供しますということを、延々とエッセイに書きます。暗記学習ばかりしていた私は、自己分析をしたりこのように答えがない問題を考えたことが今までなかったので、非常に苦労しました。

大学独自のエッセイを課す大学も多かったので、トータルでは20本くらいのエッセイを書きました。それぞれに書き直しを10回はしました。多いものは40回ほど書き直しています。エッセイを書き始めた9月から受験が終わる1月までの毎朝、職員室の前で髙木先生を待ち構えては、「おはようございます」と言って、書き直したエッセイを出していました。納得がいくまで、エッセイの書き直しに付き合ってくださった髙木先生には、本当に感謝しています。

全大学の共通エッセイとして、2年生のときに出た英語のプレゼン大会のエピソードをテーマにしました。理由は、SETの髙木先生と日野田先生にとても厳しいアドバイスをもらい、人生で初めて大きな挫折を味わった経験だったからです。

まず、プレゼンとして全く面白くない。コンテンツも全く面白くない。こんなプレゼンなら誰でもつくれると、このときに言われました。良いところが何ひとつなく、1カ月がかりでつくったものを全部変えろと言われたのです。それは締め切りの2、3日前のことでした。

その日は1日立ち直れず、家に帰ってずっと泣いていました。それまでこんなに泣いた経験はありませんでした。ベッドで泣きながら、「なんでこんなに自分は泣いているんだろう」と思いました。それこそクリティカルシンキングで鍛えた部分だと思うのですが、泣いているときに、どうして泣いているんだろう？　と考え始めたのです。

なぜなら、人から批判的な意見をもらう機会がなかったからだと思いました。批判的なアドバイスをもらったことはあったかもしれないけれど、プライドの高かった私は、自分が全て正しいと思い込み、聞き流していたのかもしれない。そういう自分の愚かな部分に初めて気づいたのです。

それからはとにかく、先生たちのアドバイスを受け止めて必死で直しました。テーマだけ残して、コンテンツは総入れ替えしました。このときに生まれて初めて徹夜をして、作り直したプレゼンを先生方のところにもっていきました。そこにちょっとした修正を入れて、なんとかギリギリ間に合いました。結果的には、そのプレゼン大会で入賞することができたのです。

このときに、人からアドバイスを受け入れることの大切さに気づきました。過剰なプライドの高さが、このときにブレイクされてよかったです。……そういった内容を、全大学共通のエッセイとして書き上げました。

私はこのプレゼン大会の後から、他人に積極的に助けを求めることができるようになり、どんなに厳しいアドバイスでも素直に受け止め、自分の成長に繋げることができるようになりました。この姿勢は大学に入ってからも生かせていると思います。

例えば、大学での最初の授業は英語のディスカッションでしたが、全く授業についていけませんでした。私は授業の後、教授のところにいって、「I couldn't understand anything.（何も理解できなかった）」と正直に伝えました。その言葉をきっかけに、教授にはたくさんのサポートしていただき、最終的にはクラスで一番いい成績を取ることができました。高校での経験がなければ、素直に自分ができないことを認め、教授に助けを求めることもできなかったと思います。

箕面高校のマインドセットとは

私が箕面高校で学んだマインドセットを一言でまとめると、「チャレンジする勇気」です。例えば、土曜講座の最初の方では誰も手を挙げていなかったところから始まり、最終的には手を挙げられるようになったり、自信をもって話せるようになりました。この変化は、先生方が失敗を恐れず、チャレンジできるクラスルームをつくっていたからだと思います。クリティカルシンキングやロジカルシンキング、ノートテイキングなどの箕面高校で学んだスキルは、自分のチャレンジを助けてくれるツールだと思います。

また、先生方は土曜講座だけでなく、学校外でのチャレンジも応援してくださいました。先述した英語のプレゼンコンテストも、日野田先生からの紹介でした。そういった校外のコンテストでも結果を残せるようにと、たくさんのサポートをしていただきました。

クリティカルシンキングとは

クリティカルシンキングは「批判的思考」と訳されがちですが、相手を否定するような「批判」ではありません。私が思うクリティカルシンキングとは「Why?」の連続体だと思います。

例えば、公園にゴミがポイ捨てされているときに、「なぜポイ捨てされるんだろう?」「捨てる人がいるから」「じゃあ、なぜその人は捨てるんだろう?」というように新しい問いがどんどん生まれてきます。その「なぜ?」「Why?」を続けていくことが、クリティカルシンキングです。

このクリティカルシンキングは、他人と話すときにも生かせます。相手がまだ言語化できていない部分を「Why?」と聞くことで、もっと深く深く相手の考えを理解できる、とても前向きな姿勢だと思っています。相手と意見が合わないときにも、「なぜそのように考えられるのだろう」と考えることで、解決の糸口を見つけることに繋がります。

ウェイトリストからの合格

卒業式後に、ウェズリアン大学からウェイトリストに入ったという連絡をもらいました。ウェイトリストは、不合格でも合格でもないゾーンのことです。アメリカでは複数校併願するので、合格してもその大学に行かない人もいます。その席が空いたら繰り上がり合格になるというシステムで、私はその繰り上がり合格の候補者に入りました。

ウェイトリストに入った人のうち、合格できるのは1割以下と聞いていたので半ば諦めていましたが、髙木先生と日野田先生から、「アメリカの大学は、あなたがどれだけその大学に行きたいかという〝パッション〟を見ている」と言われました。そこからアドミッションオフィス宛てに、エッセイやポストカードをエアメールで毎週送るようになりました。

ポストカードには日本の大学で勉強していることや、大学に行ったら挑戦したいことなどを書き、ほとんどラブレターのように送り続けました。エッセイは自主的にテーマをつくり、書いては送っていました。義務ではないのですが執念です。日野田先生には「気持ち悪いと思われるくらいがちょうど良い」と言われました。

卒業後なので先生たちに見ていただくわけにもいかず、自分で全部書き上げては送りました。これを3カ月間続けました。やっているときは、自分は何をしているんだろうと思いました。7月末までに連絡が来ないと不合格なので、6月に入る頃には、正直あきらめていました。

そんなときに、急に「今すぐ面接をしたい」とアドミッションオフィスからのメールを受け取りました。面接では伝えたいことが上手く伝えられず、「落ちたな」と思っていたところ、翌朝に合格通知が届きました。それは、言葉にならない喜びでした。おそらく3カ月間のパッションを評価してくれたのだと思います。

合格通知が来た日は、ちょうど箕面高校の体育祭でした。私はすぐに学校に行って、日野田先生と高木先生にプリントした合格通知を見せました。日野田先生は涙をこらえていました。高木先生とは抱きあって喜びを噛み締めました。合格自体よりも、ここまでのプロセスが自分を大きく成長させてくれたと思います。合格はがんばったご褒美という感じです。

日野田先生・高木先生をはじめとする、箕面高校の先生方が私にしてくださったのは「磨いてくれたこと」です。箕面高校に入るまでの自分は、普通の女の子でした。例えるなら、その辺に落ちている石ころのようなものだと思います。それを日野田先生が、たくさん落ちている石ころの中から私を見つけてくださいました。そして他の先生方も一緒に、手間と時間をかけて丁寧に磨いて、ダイヤモンドにしてくれました。ここに教育の真髄があると思えてなりません。

高校3年間で得たことの大きさと価値は、今でも言葉でうまく言い表せません。家から一番近い高校だから、という理由で選んだ箕面高校でしたが、こうやって素晴らしい先生方に出会えたことは、今では運命だったのかもしれないと思っています。両親、先生方、私の高校生活をサポートしてくださった方々には、今でも感謝し尽せません。箕面高校での3年間は、確実に今の私の軸になっています。

自分で考えて行動する「自立」した人生が始まった

小山優輝

大阪府出身。２０１４年４月大阪府立箕面高校に入学。１年生のときに参加した世界経済フォーラム Re-Generate Japan Project でプログラミング教育の事業を提案。応募者６００人の中から最優秀賞・賞金１００万円を獲得し、16歳で起業する。２０１５年のボストンでの２週間にわたるアントレプレナーシップ研修に参加。帰国後、慶応ビジネスコンテスト2部門で最優秀賞を獲得。２０１７年卒業後、オーストラリアのG８校・アデレード大学に進学。現在はＮＰＯ法人ハックジャパンの代表理事。グーグル社など大手企業との連携のほか、大阪・東京・福岡・北海道でのプログラミング教育、キャリア教育事業のイノベーションに取り組む。

箕面高校に進学した理由

私は大阪生まれですが、父の仕事の関係でアメリカのミシガン州で育ちました。小学3年生の終わりに帰国し、4年生になって日本語の理解力をつけるために、日本の学習塾に行こうと思いました。そのときの塾の説明会に、実は日野田先生がいたことを後になって知りました。お互いにその認識はないのですが、出会っていた可能性が高いことに不思議な縁を感じています。箕面高校は、学校説明会に参加して進学を決めました。家から近かっただけでなく、制服がないこと、基本的に生徒に対して与える自由度が高い点も魅力でした。英語に力を入れていることもあり、海外に強いイメージがありました。

入学した年から始まった土曜講座は、校内でも話題でした。私は参加していませんでしたが、多くの友達が参加していて「普段の授業と違って楽しい」と話しているのをいつも耳にしていました。1年目の後半になってからは、部活などで土曜日に行ったタイミングで帰り際に時々のぞかせてもらったりもしました。印象としては、1年目と2年目と3年目で少しずつパワーアップ、アップデートしていったように思います。TOEFL iBTの対策をする授業をしながらも、生きる力を大切にするという方向へ向かっているのかな、と感じていました。

箕面高校初のボストン夏季留学での体験

日野田先生の着任と同時に入学した私たちの学年は、まさに初めてのプログラムづくしの世代です。私は夏のボストン留学、その後の箕面高校での冬季キャンプ、どちらも初回に参加しました。

高2の夏に体験したボストン留学がどんな日々だったかというと、一言でいうと苦痛の連続でした。特に後半になってきて、自分たちのアイデアが否定され始めてきてからがしんどかったです。じゃあ、これをどうやって自分たちの思う通りに肯定化していくか？　その論理を組み立てる部分でとても苦労しました。それはやりたいのにできないという苦しさです。

今考えれば普通のことだと思えるのですが、当時は高校2年生ということもあってとても難しかったです。最後はプレゼンテーションで発表しましたが、自分のチームだけでなく、他のチームともお互いに助け合うという雰囲気が常にありました。このときの留学メンバーとは、今でもよく話をする関係になっています。

冬季キャンプでは、終わった後に日をあらためて、二次会と称して友人たちと海外大学生で、私の家に集まりました。ゆっくりとご飯を食べながら、ワイワイと楽しく話したことをよく覚えています。大学生は全員ハーバード生で、とても自由な人たちでした。こういう時間を持てたことは、個人的にとても大きなことでした。

日本とアメリカの違いを感じた経験

高校生活の中で一番忙しく、充実していたのは2年生の夏休みです。1週目は、NHKの全国放送コンテストに出場のため、東京へ移動。帰ってきた翌日からボストンで2週間の夏季留学。帰国して2、3日のお盆休みを経て、また東京へ2週間行きました。高校1年で参加したビジネスコンテストで、最優秀賞をいただいたときのアクセラレーションプログラムとして、事業化の準備のための上京でした。東京では様々な方にメンタリングしていただき、インターンなども体験しました。帰ってきて2日後、夏休みが終わりました。

とにかくこの年の夏は、自分自身でもすごく成長したと実感できる1カ月半でした。

2週間のボストンでひたすらアントレプレナーシップ（起業精神）を学び、その後に東京でも毎日のように先輩起業家からアドバイスを頂いて……という繰り返しをしたことで、日本とアメリカではこんなに違うのだな、と肌で感じることができました。この感覚を明確に表現するのはなかなか難しいのですが、高校2年生ながらに、雰囲気的に大きな違いがあると思ったのです。

例えば、日本だと起業に対して高いハードルを感じている人が多いと思います。そして実際にそのハードルは、決して低くはありません。対してアメリカの場合、「これがやりたい」といって事業化するまで、実現へのスピード感が全然違うように思います。仮説・検証はもちろんするものの、比較的サイクルが早く、スピード感をもって物事が進んでいくイメージが感覚値としてありました。おそらくスタートアップする環境としては、ボストンの方がすごくやりやすいのだろうと感じられたのです。

もう一つは、楽観的であるという点です。アメリカでは日本と違って「失敗してもいいや」というところが割と高いように思います。日本では失敗に対しての恐れとか、他の人に否定されることを気にしがちですが、アメリカでは特に気にせずにどんどん突っ走ってもよい、という雰囲気がありました。こういった国の文化の違いは、この夏の経験で得た大きな気づきになりました。

海外大学への進学を決めるまで

最初の頃はアメリカの大学に行きたいと思っていましたが、高1の終わりぐらいから、日本の大学もありじゃないのかなと思い始めました。それが高3の夏になり、「日本のどの大学に行きたいんだったっけ?」という問いが浮かぶようになりました。このあたりから真面目に「やっぱり日本の大学に合わないんじゃないか」と考えるようになり、最終的には海外の大学に進むことを決めました。

すでに事業を立ち上げていたこともあり、それがコントロールできる環境であること、今から出願できる大学であることが必須条件だったため、必然的に消去法に近い形での選択を迫られました。

行ったことのある国でいうと、アメリカとイギリス、ニュージーランドでしたが、遠すぎること、日付変更線を超えてしまうこと、移動のコスト、大学の有無で考えると全て非現実的でした。そこで視野を広げたときに、初めてオーストラリアという選択肢が見えました。

こうして先に国を決めた後は、学費と学習環境（生活のしやすさ）を重要視して選んでいきました。比較的慌ただしかった高校時代だったので、少し落ち着きたいという気持ちも大事にして、しっかりと学びを深めることのできる環境を探して絞り込んでいきました。

オーストラリアの大学へ出願

11月ぐらいまでは普通の受験勉強をしていましたが、海外進学という選択が現実化し始めてからは、英語のTOEFL iBTなどの点数をどれだけ上げられるかに専念しました。オーストラリアの出願ではエッセイがないので、自分自身の力で積み上げられる部分が大きかったです。

この時期には日野田先生の元にしょっちゅう通って、アドバイスを頂いていました。とりあえず切羽詰ったら相談していました。何か得られるものがないかと思い、かなりの頻度で通いました。心情的には、占い師に会いにいく感じに近い部分もあったように思います。高3の12月に出願し、結果的には無事に合格の通知を受け取ることができました。

メルボルン郊外に住むか、アデレードの市内に住むかの二択だったのですが、比較的静かな町を選びたいと考えていました。そこで1月に2週間くらいかけて、オーストラリアの2都市、メルボルンとアデレードへ母と学校見学に行き、その場で「あ、これはもうアデレードだな」と決めて帰国しました。入学式は6月だったこともあり、比較的心にゆとりのある状態で選択できたと思います。

日野田先生の存在

放送部に入部してすぐの頃のことです。「新しい校長先生が来たのでインタビューに行こうね」と1年生でいきなり担当になりました。そこで初めて校長室で日野田先生と話をしました。このときに、「この先生はちょっと面白いな」と思い、それから個人的に校長室に行くようになってから、いろいろなことが始まりました。

高1で事業立ち上げのきっかけとなったビジネスコンテストに参加したときにも、日野田先生に相談をして直接サポートしていただきました。

日野田先生が他の人と大きく違う点は、子ども目線で生徒を見ないところです。高校生のレベルとしてアドバイスをくれるのではなく、社会人としてのスタンダードのレベルでレスポンスを返してくれる部分が、とても大きかったです。それもあって高3になってからも、行き詰まって自分で解決できなくなることがある度に、相談させてもらっていました。

日野田先生は、明らかに今まで見てきた校長先生とは全く違いました。これは先生自身も話されていたことですが、基本的にリーダーシップの力しかない状態で、他の先生方だったり周りの生徒をどうやってやる気にさせるか、そっちの方向に向かせるかというところに、いつも苦労をされていたように思います。

学校の授業のやり方を変えていくことができる先生というのは、本当に少ないと思います。その難しい部分を、3年目でこんなに生み出せていることに驚くばかりでした。具体的には、授業の中で生徒同士がコミュニケーションをとるスタイルの授業が増えたり、積極的にプロジェクターを使ってデジタルを活用する内容であったりと様々です。もちろん全ての授業がそうではありませんが、それでも内容自体が変わったな、と感じることが多かったです。

当時の全体の雰囲気として、校則をもう少し厳しくしたほうがいいんじゃないか、自由度をもう少し減らさないとちゃんと勉強ができないのではないか、という保守的な風向きを感じていました。ですが、その縛りを最後まで選択しなかったのは、日野田先生らしいやり方だなと思います。

帰国子女という視点

自分自身が海外育ちということもあり、日本の標準値と感覚が合わないことがあるという話を先生とはよくしていました。なぜ、みんなは考えていることをズバッと言わないんだろう？　といったことから、逆に日本育ちではないからこそわからない、文化的背景の話もしました。理解はしているけれど、理解したくない部分などについてもそうです。こういった話ができる先生は、そうそういません。その視点からいうと、土曜講座の雰囲気はとても懐かしく、「こんなに自由な授業だったんだな」と改めて気づくことができました。

卒業してから一層感じるのは、校長先生というよりも、先生というイメージが強いということです。私の中では勝手にそう思っています。要は、校長かどうかは特に関係ないということです。気軽に相談をしにいける先生という感覚はずっと変わっていません。帰国した際には、なにかしらでお会いする時間をいただき、近況報告をしています。

最近ではオーストラリアに来ているからこそ、大学生らしいこともしっかりしておきたいと思うようになりました。今年で2年目ということもあり、インターンなど何かできないかと考えたときに、逆にどういったことをインターンとしてやったらいいんだろう？　という点でアドバイスをいただき、参考にさせていただいています。

自立とは何かを学ぶことができた

箕面高校では知識的な面であったり、経験的な面であったり、とにかく様々なことをたくさん学びました。個人的には、地元から外に出るという「生き方」を与えてもらえたと感じる3年間でした。それは私にとっては「自立」という、とても重要な意味をもっています。

それまでも海外に行く経験はありましたが、中学生までは家族や誰かに連れていってもらうものでした。それが、高校に入ってからは自分から動き出す、自分で考えて行動することが身についたと思います。

そう思うと、「自分で判断する」ことを身につけることができた高校3年間でした。結果として東京に頻繁に出るようになり、そこで受けた刺激を持って帰るという経験値を高めることにもつながりました。箕面高校のもつ自由度が、それを許してくれたと思います。そしてこの経験値は、他の学校では決して得られないものだったと改めて今、感じています。

世界の難関・ミネルバ大学の合格者を出した真の価値

山本秀樹

元・ミネルバ大学日本連絡事務所代表。1997年慶應義塾大学経済学部卒、2008年ケンブリッジ大学経営管理学修士。外資系企業の日本市場開拓や一部上場企業の経営人材育成プログラム、新規ビジネス開発プロジェクト支援を行うAMS合同会社代表。ミネルバ大学から得た「教育の再創造」というミッションを掲げ、2017年に「Dream Project School」を立ち上げる。2018年7月『世界のエリートが今一番入りたい大学ミネルバ』(ダイヤモンド社)上梓。https://hyamamoto.com/

米・ミネルバ大学とは

「高等教育の再創造」を掲げ、2014年9月に米・サンフランシスコで開校した全寮制の4年制総合大学。ハーバードより入学困難で、革新的な大学として注目を集めている。2016年度の入試では世界から約2万人が受験、合格率は1.9%。学生たちは最新のITプラットフォームを活用した反転授業形式のクラスを受けながら、世界7都市の学生寮を移動。現地の企業、行政機関、NPO等でのインターンを体験する。

箕面高校の生徒に見た輝き

ミネルバ大学日本連絡事務所代表として活動していた2015年、京都のあるワークショップに参加しました。会場には社会人から大学生、高校生まで100人近くが集まっていました。日本の学生は、こういう場所では手を挙げずに周りを見ているケースが多いものです。そこに「はい、ハーイ!」と自分から手を挙げて、ポーンと自分の言葉を話している元気のいい高校生たちがいました。それまでの学校でミネルバ大学の認知活動の中で見てきた生徒たちと、目の輝きが違いました。

話を聞きにいって、彼らは箕面高校の生徒たちで、校長先生と一緒にワークショップに参加していることを知りました。日野田先生と立ち話で、なぜこんなに元気な子どもたちがいるのですか?と聞いたのが初対面だと思います。というのも、基本的にミネルバ大学と相性がいい生徒というのは、自主性が非常に強く、どんな場合でもきちんと自分の意見が言えることが最低条件なのです。もちろんそれだけではありませんが、この条件を満たす子だけでも、日本の高校で見つけるのはなかなか大変です。

一度学校に来てくださいというお誘いを頂き、改めて箕面高校を訪問し、日野田先生の取り組みを聞いて非常に共感しました。そこで、「革新的な教育者と繋がり、学生をインスパイアする」というミネルバ大学の認知活動戦略に当てはまりそうだったので、アジア統括の責任者を紹介して、少しずつ距離を縮めました。そうした活動の中で、普通の学校紹介ではなく、「ミネルバ大学で提供している、思考・コミュニケーション技能を使った、ワークショップをやってみましょうか」という話になりました。

全て英語で行ったワークショップ

実は、トップクラスの進学校であってもワークショップは日本語で、と要望されることが多いのですが、日野田先生は「全部英語でやろう」と言いました。無理ではないですか？ と聞きましたが「いや、もう全部英語でやりましょう。アメリカの学校でやっているものと同じでいい」ということになったのです。

ただ、もうひとつ日野田先生からは、企画段階から現場の先生たちと一緒にやってほしいという要望がありました。それは非常にやりごたえのある経験でした。準備段階でなかなか担当の先生から反応が返ってこなかったり、当日も生徒の様子を見ながら急に中身を替えるということもあって、ジャズセッションのようでした。

日本の学校では、大抵新しいものをやろうとすると、直接言われなくても「面倒くさいのはいや」という反応からスタートします。いざやりましょうとなってからも、基本的には全部こちらで段取りをして、用意したものを滞りなく行うことを期待されます。でも、箕面高校はそのどちらでもありませんでした。「うまくいかなくても、その場で修正しながらやってみましょう」と、土曜に半日を使ってワークショップを開催しました。

やってみると当たり前なのですが、やはり生徒たちはついてこられないわけです。でも、諦めた生徒はいませんでした。嬉しかったのは、日本語で「何言っているかわからん！」という感じで、英語でやろうと言っていたのに日本語で質問するなど、自分たちでこの機会から何かを得よう、という気持ちを持った子がいたことです。

世界の最高峰・ミネルバ大学に合格した生徒

その後、箕面高校で実際にミネルバ大学を受けたいという生徒が現れました。以前、アジア統括責任者と一緒に箕面高校を訪れた際に、校長室で同席した生徒でした。初めて会ったときの印象は、課外活動も成績も抜群によいということでしたが、英語はあまり話せず、聞くのも精一杯で、受け答えが非常に心もとない様子でした。

ミネルバ大学の審査は、学校での成績と課外活動、独自の思考、コミュニケーションスキルの試験。この3つのみです。その生徒は、英語力が弱いので、思考・コミュニケーションスキルの試験での加点が難しく、厳しいだろうと予測していました。

でも1年後、その生徒は見事にミネルバ大学に合格したのです。

1・9％の合格率を突破する実力とは

ミネルバ大学が求める英語力は、TOEFLのスコアではありません。実際に数分間、数秒間の間に、しゃべった質問に対して的確に自分の意見を答えられる、自分の思考を英語で発言できる力です。また、ライティングに関しても、15分でそれなりの自分の主張をまとめ、タイピングで答える試験なので、日本の翻訳偏重な英語教育のみを受けてきた生徒には、かなりタフな内容になります。それを無事に通過したことに本当に驚きました。相当な努力をしたのだと思います。知らせを受けたときはとても嬉しかったですね。

生徒のチャレンジを応援できる学校

箕面高校が他と違うのは、何かに挑戦したいという生徒に対して、基本的にサポートをするという姿勢です。

とても成績がよく、面白い課外活動をしている生徒たちから今もメッセージを頂きます。そうしたメッセージの多くは、以下のような内容です。「海外の大学に行きたいと話すと、まず先生が大反対する。地元の国立大学に行ってほしい、課外活動なんてもってのほかだ、受験勉強をしなさいと言われる。海外大受験では加点対象となるような学外コンテストで優勝をしても、学校が許可していないのに勝手に応募したのがけしからん！　と言われたりする」

生徒たちを取り巻く環境は、なかなか大変だと聞いています。

海外の大学への出願プロセスは、日本の受験勉強とは全く違います。生徒自身の頑張りはもちろんですが、周りのサポートが非常に重要です。箕面高校では、日野田先生が日本の学校だけが全てではない、という方針を持っており、一部の先生方も海外出願などをサポートできる体制があったということです。

東京の生徒であれば、海外大学の出願に必要な書類の書き方や、先生の推薦状の書き方などを指導してくれる海外進学予備校もあります。高額な費用を払えば、エッセイ（多くの欧米大学の入試審査に使われる事前課題のライティング試験）をピカピカに仕上げてくれる有名カウンセラーもいます。それと同じくらいのことを、一般の公立の先生がしていたというのがすごいことだと思いました。

「無理」の壁を壊した、箕面高校

日本で、地方の公立校の生徒が、ミネルバ大学に合格できる。そのことがわかったというのはとても大きな出来事です。同じように、地方の学校で進学したいと思っている生徒たちや、そうした生徒を支援したい先生たちにも励みになる実績です。

合格した箕面高校の生徒は、最終的には別の大学に行きましたが、自著『世界のエリートが今一番入りたい大学 ミネルバ』（ダイヤモンド社）で箕面高校に触れた理由は、多くの日本の教育関係者から言われ続けてきた「日本人には無理」、「帰国子女以外には無理」、「国際バカロレア教育を受けていないと無理」という無理の壁をすべて壊した実績だったからです。きちんとサポートすれば、東大よりもずっとレベルの高い海外の大学に、合格できる生徒たちがたくさんいます。そのことを証明した箕面高校の価値は、もっと広く知られるべきです。

チャレンジできる学校と先生のあり方

日野田先生は常識があり、向き合うべき相手をわかっている人です。残念ながら、多くの学校は生徒以外の相手に向いています。その子が社会でどう生きていきたいか、ということを発見・支援することよりも、とりあえず偏差値の高い大学に行ってほしい。ダメでも、せめて大学に行ってほしいという進路指導です。大学さえ行ってもらえば自分たちの役割は終わり、という発想に陥っているのではないでしょうか。

日野田先生は、日本では時に問題児のように扱われるような生徒を、しっかりその子の特徴や個性を捉えながら、その子らしく輝ける進路を否定せず、背中を押している。そんなイメージが私にはあります。そして、時に扱いづらいと評価される子どもたちにこそ、優れた海外大学が真に求める素養と可能性があるということに気づき、支援できたなら、もう少し日本の高校は面白くなるのではないでしょうか。それを実際にやってみせてくれたのが、箕面高校だと思います。

この本をきっかけに、箕面高校のチャレンジと実績、その本当の価値が、より多くの方々に理解される機会となることを心から願っています。

最後に

任期満了にともない、平成30年3月31日をもって、大阪府立箕面高校・校長を退任いたしました。最長であと1年ありましたが、引き継ぎに最良のタイミングと判断したこと、そして「箕面高校＝日野田」となることを避けるための決断でした。今の先生方・生徒たちの力から逆算すると、きっと次につなぐことができる。そういったマネージメントサイドの判断と考えていただければ幸いです。

平成30年度（２０１８年度）大阪府の公立高校において、箕面高校は出願人数が1位（５５７名：府内１６１公立校中）となりました。また、グローバル科の最終倍率は４・７倍となりました。

数年前は募集でも苦戦している時代がありましたが、ここまで来れたのは生徒のみんなのパッションと努力、そして日々、細やかな対応をしていただいている先生方のおかげです。

この４年間、本当にいろんなことがありました。

現実は華やかなことばかりではありません。時には、私の力不足で迷惑をかけたこともあったと思います。生徒のみんなが頑張ってくれたおかげで、箕面高校はここまで変わることができました。箕面高校の先生方一人ひとりの活躍があったからこそ、ここまで来れたのだと感謝しております。そして、これまで支えてくださった皆様に感謝するばかりです。

TOEFL Alliance で意気投合したタクトピア長井悠さん、白川寧々さん。無理ばかりを言いましたが、ボストンのアントレプレナーシップの夏季キャンプは箕面高校の海外進学の起爆剤となりました。ありがとうございます。

村上憲郎さんには、TOEFL Alliance の登壇イベント以降、様々な場面で無理をお願いしました。心から感謝しております。

他にも名前を出しきれないほど、たくさんの方々に支えていただきました。本当にありがとうございます。

そして保護者の皆様、4年間、箕面高校を支えていただき、本当にありがとうございました。今後とも変わらぬご支援をよろしくお願いします。

そして、箕面高校のみんなへ。本当にありがとう。君たちのパワーにいつも元気をもらっていました。

在校生のみなさん、ここからが本当のスタートです。先輩たちや私たちが切り拓いてきた道を踏みしめて、明確な道にしてください。

ボストン研修やキャンプで一緒になったみんなへ。私にとってまるで担任のクラスをもったような、かけがえのない時間でした。みんなが高く羽ばたいてくれることを祈っております。

もし何か困ったことがあれば、いつでも声をかけてください。何かしらの形で、助けに行きます。一人で抱えず、周りの仲間を信じて進んでいきましょう。

次の私の使命は、箕面高校でつくったこのスキームを全国に広げることだと思っています。英語四技能、海外進学、AL、PBL……ご興味がある方は、ぜひお声がけください。少しでも大阪に、日本に、世界に、貢献できれば幸いです。また、今後は新しい時代に向けて従来の「学校」の枠を変える、「新しい学校」ないしは「未来の教育機関」の設立に向けて動き出しました。もし一緒に戦ってくれる「勇者」がいれば、ぜひお声がけください。ワクワクする社会を作っていきましょう！

最後に、大阪府立箕面高校の53期卒業生に伝えた、卒業式での式辞の一部をもって、あとがきとかえさせていただきます。

箕面高校スキーム関連企業

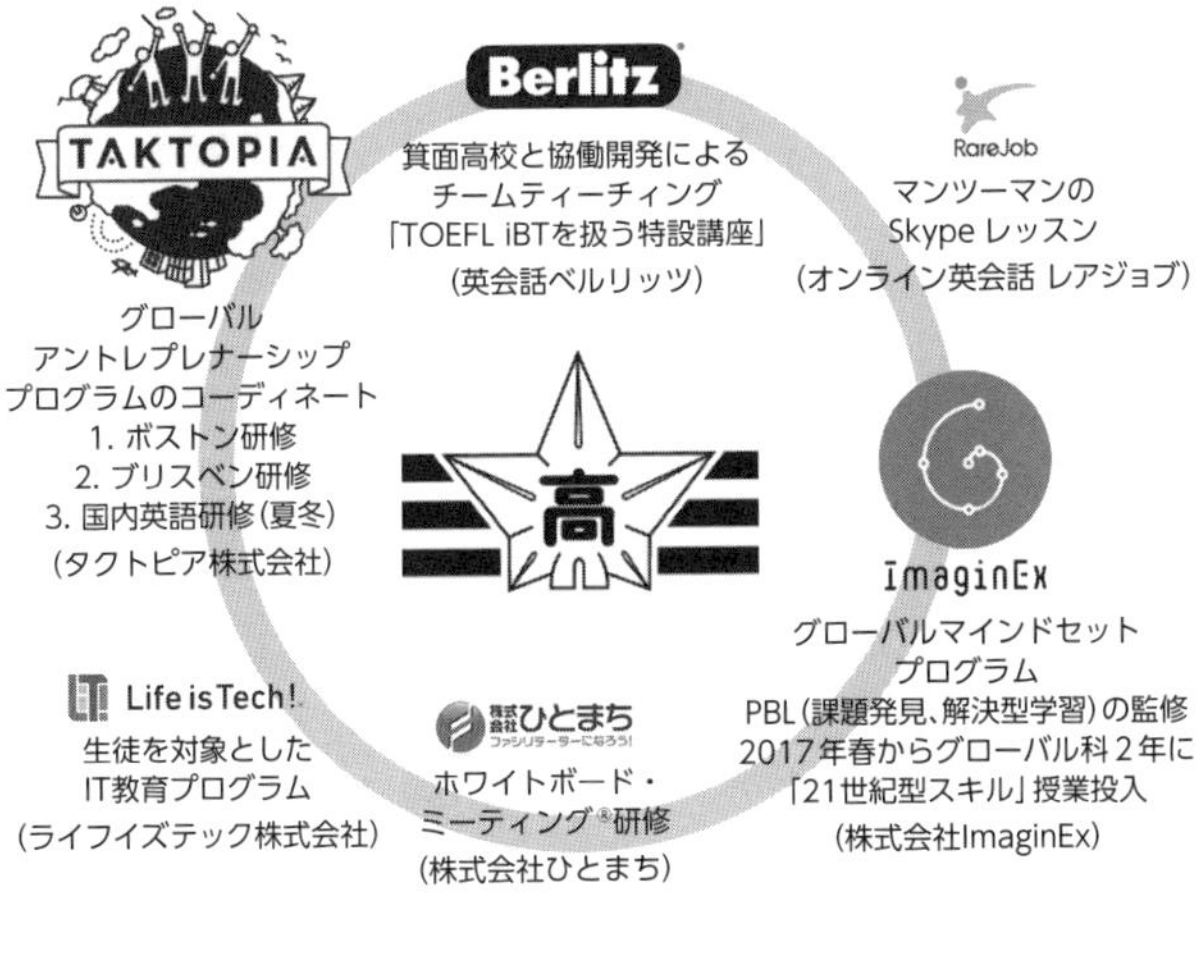

十八歳の自分へ

1 本を読んでください。成功している人は、みな共通して本を読んでいます。目安は一年間で3万ページ。1日100ページが目安です。

2 人生、気軽に行きましょう。大変なことはたくさんあります。特に20代は苦労してください。ただ、意外と何とかなるものです。しんどいときは深呼吸をして、空を見上げてください。困ったときは、誰かに気軽に相談してみましょう。また、他人と比較しても何の意味もありません。自分らしく生きましょう。

3 自分の世界を広げるために、定期的に旅に出てください。また大学や仕事を始めたら、その世界とは違う人と週に一回は会ってください。そして「素敵な人」とつながってください。そこで得られた人脈こそが、あなたの最高の財産であり、人生を豊かにします。

4 人に優しくしましょう。それは、単に甘い言葉を他人に言うという意味ではありません。本当の意味での優しさは、多くの人が言いたくないことを言う厳しさ、ないしは、叱ってくれる人を大事にしてください。叱ってくれる人はあなたに対して、愛情を持っている証拠です。

⑤ 守破離（礼儀）は大事にしてください。どんなところでも認識は必ず行動に出ます。気をつけましょう。一番大事なのは、挨拶や謝罪、感謝を必ず言葉にして伝えてください。

⑥ すぐに成功することはありません。下積みを大事にする人が成功します。人の嫌がることを率先している人をちゃんと周りは見ています。派手な仕事より、丁寧で泥をかぶる人こそ、信頼を得ることができます。

⑦ チャンスは必ず来ます。しかし、それは1回だけです。2度は来ません。失敗を糧にそのタイミングと選択する勇気を身につけてください。

⑧ 物事をプラスに見るか、マイナスに見るかで人生は大きく異なります。ネガティブな発想の人には、ネガティブな出来事が、ポジティブな発想の人には、ポジティブな出来事が、起こります。

⑨ できない理由を探すのをやめ、実現する方法を議論しましょう。ほとんどの人はできない理由を探しがちです。勇気を持って対案を用意し、できる方法を探す人こそが真の勇者です。そういう人たちに囲まれるようにしましょう。

⑩ 人生は「逆張り」した人に最大の価値が生まれます。みんなが「きっとそうだ」と信じていることを疑ってみてください。答えはその対極にあることがあります。みんなが無理だ、できないと思っていることに挑戦すること。そこに、本当の価値があります。

もう一度、君たちに伝えたい十のことをまとめます。

一、本を読もう。
二、深呼吸しよう。人生は意外となんとかなる。
三、旅に出て、視野を広げよう。
四、叱ってくれる人を大切にしよう。
五、礼儀を大事にしよう。
六、下積みを大事にしよう。
七、チャンスは一度しか来ない。
八、物事をポジティブにとらえよう。
九、できない理由より実行するための方法を。
十、人生は逆張りしよう。

２０１８年８月　日野田　直彦

著者紹介

日野田 直彦（ひのだ なおひこ）

　1977年生まれ。帰国子女。帰国後、同志社国際中学・高校に入学し、当時の日本の一般的な教育とは一線を画した教育を受ける。同志社大学卒業後、馬渕教室入社。2008年奈良学園登美ヶ丘中学・高校の立ち上げに携わる。2014年大阪府の公募等校長制度に応じ、大阪府立箕面高等学校の校長に着任。着任後、全国の公立学校で最年少（36歳）の校長として改革を推進。着任3年目には海外トップ大学への進学者を含め、顕著な結果を出す。2018年より武蔵野大学中学校（現・武蔵野女子学院中学校・高等学校）の校長に着任。伝統を引き継ぎながらダイナミックなチャレンジと改革を進めている。また、今後は新しい時代に向けて「学校」の枠を変える、新しい学校ないしは教育機関の設立に向けて動き出している。

明日の教室DVDシリーズ第51弾　日野田直彦
『チャレンジし続ける学校の作り方』
～箕面高校グローバル・プロジェクト～

一緒にワクワクしませんか？
世界を救う勇者を探しています

It's more fun to be a pirate
than to join the navy
—Steve Jobs
MARTIN TRUST CENTER FOR MIT ENTREPRENEURSHIP

© MIT Center for Entrepreneurship stickers

編集・構成
安達 明子

カバーデザイン
斉藤 啓（ブッダプロダクションズ）

本文デザイン・DTP
コン トヨコ

なぜ「偏差値50の公立高校」が
世界のトップ大学から注目されるようになったのか!?

２０１８年９月８日　初版第一刷発行
２０２０年１月18日　第四刷発行

著　者　日野田　直彦

発行者　浦　晋亮

発行所　ＩＢＣパブリッシング株式会社
〒１６２―０８０４
東京都新宿区中里町29番３号
菱秀神楽坂ビル ９階
www.ibcpub.co.jp

印　刷　新灯印刷株式会社

ISBN 978-4-7946-0559-7